pyrex

1 TBSP

Küchenglück

REZEPTE UND IDEEN FÜR DIE GANZE FAMILIE

MARIA HELM SINSKEY

DK
DORLING KINDERSLEY

Zu diesem Buch

Es war ein heißer Sommertag im nördlichen Teil des Bundestaats New York. Mein Vater grillte Steaks und prüfte hin und wieder mit einer langen Gabel, ob sie schon durchgebraten waren. Die Sonne schien die obere Seite der Steaks zu garen, die untere wurde von den Flammen bearbeitet. Ich konnte hören, wie Fett und Saft zischend auf die glühenden Kohlen tropften. Der Rauch des Feuers hing schwer in der schwülen Luft und wurde gelegentlich durch eine leichte Brise zu einem Heiligenschein über dem Kopf meines Vaters verdichtet.

Meine Brüder und ich enthülsten frische Maiskolben und bissen gelegentlich die Spitzen ab, die Körner schmeckten milchig süß. Unser Vater hatte uns eingeschärft, dass frisch geernteter Mais so schnell wie möglich gekocht werden müsse, sonst würde sich der Zucker in Stärke verwandeln und die Kolben wären ungenießbar. Unser heimliches Naschen überzeugte uns davon, dass die Körner noch süß waren – uns blieb also noch Zeit, die Kolben in den Topf zu bekommen, bevor das Unvermeidliche geschah.

In der Küche machte meine Mutter Kartoffelsalat aus den dünnschaligen weißen Kartoffeln, die sie am Tag zuvor gekocht hatte. Nachts hatten sie im Kühlschrank geruht, frühmorgens entfernte meine Mutter auf der Veranda die Schalen mit einem kleinen Messer. Der Salat war denkbar einfach: gekochte Kartoffelscheiben, eine Handvoll fein geschnittener roter Zwiebeln, ein Spritzer Rotweinessig, etwas kalt gepresstes Olivenöl, eine Prise Salz und schwarzer Pfeffer aus der Mühle. Zum Schluß gab sie noch etwas grob gehackte Petersilie dazu. Das Abendessen war fertig, wir setzten uns.

Der Tisch bog sich vor Essen, und unter fröhlichem Geplauder wetteiferten wir um das schönste Stück Steak oder um den perfekten Maiskolben. Zum Nachtisch gab es luftige Teekuchen mit den ersten süßen Erdbeeren der Saison. Wir Kinder bettelten um mehr Schlagsahne und Früchte.

Dies ist nur eine von vielen Familienmahlzeiten, die mir immer in Erinnerung bleiben werden. Die Essenszeit verband uns miteinander und mit den Speisen, die wir aßen. Gemeinsam zu kochen diente der Kommunikation, wir sprachen über die Ereignisse des Tages, manchmal genossen wir die Anwesenheit der anderen aber auch schweigend – umgeben von köstlichen Düften und dem Geklapper von Töpfen und Pfannen.

Heutzutage ist das Leben so hektisch, dass viele kaum noch zu Hause kochen. Deshalb haben wir uns sowohl von dem, was wir essen, als auch von den Menschen, die uns am nächsten stehen, entfernt. Die kreativen Tätigkeiten und leckeren, leichten Rezepte in diesem Buch sollen Ihnen dabei helfen, gemeinsam mit Ihrer Familie die Küche zurückzuerobern.

Die Kapitel sind nach Zutaten eingeteilt. Sie erfahren darin, welche Lebensmittel am besten und frischesten sind, was wann Saison hat und wie man sich ausgewogen ernährt. Am Anfang jedes Kapitels steht ein Kochprojekt, das Spaß macht und die Kreativität Ihrer Familie anregen wird. Alle lernen etwas über die Zutaten und wie man sie richtig einsetzt. Freunde und Angehörige werden überrascht sein, wenn sie hören, dass Sie Speck pökeln, Lachs räuchern, Sauerteigbrote backen, Ricotta selbst herstellen und Nudelteig ausrollen. Dieses Buch wird Ihren Spaß am Essen und Familienleben neu erwecken – gemeinsames Kochen ist der Beginn einer wunderbaren, spannenden Reise. Sobald Sie die Ideen in diesem Buch in die Tat umsetzen, wird Ihr selbst gemachtes Essen so gut schmecken wie niemals zuvor.

Je mehr, desto besser

Manche Leute empfinden Kochen als willkommene Rückzugsmöglichkeit. Ich nicht. Mein Motto lautet: »Je mehr, desto besser.« Wir besitzen ein Weingut, bei uns gingen Küchenchefs, Sommeliers, Freunde und Familie ständig ein und aus. Da ich jahrelang Chefköchin war, bin ich es gewohnt, für viele Leute zu kochen. Rob wusste, dass er eine spontane Einladung zum Abendessen aussprechen konnte, bei uns war immer genug da. Manchmal war es ein ganz schönes Durcheinander. Jeder, der zur Tür hereinkam, bekam ein Messer, einen Holzlöffel, ein Rollholz oder eine Salatschleuder in die Hand gedrückt, je nach Qualifikation. Durch gemeinsames Kochen lernten wir unsere Gäste besser kennen als bei Tischgesprächen.

Unsere Töchter – zuerst Ella, dann Alexandra – vervollständigten die Runde. Anfangs saßen sie in ihren Kinderstühlen und beobachteten das wilde Treiben um sie herum. Sobald sie Interesse zeigten zu helfen, bekamen sie eigene Aufgaben zugewiesen. Zunächst zupften sie Blätter von Kräuterstängeln, später rührten sie Teige. Heute, im Alter von sieben beziehungsweise neun Jahren, schneiden sie mit kleinen Messern und belegen Backbleche. Wenn Sie Kinder helfen lassen, werden sie begeistert mitmachen!

»Das ess ich nicht!«

Sie glauben vielleicht, dass Sie Ihre Kinder nie dazu bringen werden, etwas anderes als Nudeln, Käse oder Weißbrot zu essen. Warum sollte man sich also mit einem Buch beschäftigen, in dem so viele andere Dinge vorgestellt werden? Genau aus diesem Grund. Kinder sollten nicht nur Weißmehl und Kohlenhydrate zu sich nehmen. Unsere Vorlieben und Abneigungen setzen sich in jungen Jahren fest und halten sich oft bis ins Erwachsenenalter. Eltern prägen das zukünftige Essverhalten ihrer Kinder, positiv wie negativ. Unsere Erfahrungen mit Essen sind persönlich.

Eltern fragen sich, warum ihre Kinder Nudeln, Käsepizza und Käsestangen mögen. Die Antwort ist einfach: Weil wir ihnen diese Dinge vorsetzen. Mit achtzehn Monaten kochen sich Kinder noch keine Nudeln mit Butter.

Eltern servieren ihren Kinder gerne Speisen, die den geringsten Widerstand auslösen, weil der Kampf ums Essen eine frustrierende Zeitverschwendung ist. Lassen Sie Ihre Kinder an der Zubereitung neuer Gerichte teilhaben, dann werden sie sie auch lieber essen. Die Mitwirkung erfüllt sie mit Stolz und hilft, die Scheu vor Unbekanntem zu überwinden. Als ich meinen Töchtern zum ersten Mal erlaubt habe, Fischstäbchen selbst zu machen, haben sie mich fast umgerannt, um an jene zu kommen, die sie fabriziert hatten.

Sagen Sie nichts, wenn Sie ein neues Gericht kochen, selbst wenn Ihre Kinder dabei geholfen haben. Sie können sie während des Kochens loben, doch sobald das Essen auf den Teller kommt, sollten Sie lächeln und guten Appetit wünschen. Wenn Sie etwas mögen, werden Ihre Kinder es verabscheuen (außer vielleicht Nudeln mit Butter). Setzen Sie ihnen die neue Speise zusammen mit etwas Gewohntem vor, und warten Sie ab, was passiert. Sollten sie das Essen verweigern, machen Sie nicht viel Aufhebens darum. Vielleicht braucht es mehrere Anläufe – manchmal bis zu zehn –, bis die Kinder Neues annehmen. Sie sollten ihnen aber gleichzeitig etwas vorsetzen, was sie gerne essen, damit sie nicht hungrig bleiben. Preisen Sie das neue Gericht nicht demonstrativ an, genießen Sie die Mahlzeit wie gewohnt – eines Tages werden Ihre Kinder neugierig werden, davon kosten und es vielleicht mögen.

Vorplanen

Das Wichtigste beim Kochen ist die Planung. Verwenden Sie die gewählten Rezepte als Grundlage für Ihre Einkaufsliste. Stellen Sie sicher, dass Sie alle nötigen Utensilien haben, und improvisieren Sie ruhig. Ich habe mehr als einmal Nudelteig mit einer Weinflasche ausgerollt. Kochen Sie wochentags einfache Speisen und kompliziertere am Wochenende. Ein Abendessen muss nicht immer aus drei extravaganten Gängen bestehen. Ein Hauptgang mit ein oder zwei Beilagen ist an einem Wochentag völlig ausreichend. Vermeiden Sie aufwendige Zubereitungen, wenn Sie wenig Zeit haben.

Krempeln Sie die Ärmel hoch

Am Anfang wird es beim Kochen mit der Familie möglicherweise drunter und drüber gehen. Bleiben Sie ruhig, seien Sie bereit, Fehler zu machen, und versuchen Sie, Ihren Kontrollmechanismus auszuschalten. Je öfter Sie mit Ihrer Familie kochen, desto leichter wird es allen von der Hand gehen. Sie werden bald entdecken, wer gut Gemüse waschen oder Teig ausrollen kann. Vielleicht wird sich herausstellen, dass Ihr Fünfjähriger ein Meister beim Abwiegen von Zutaten ist und dass Ihr Mann eine fantastische Vinaigrette macht.

Um meine Familie zum Kochen zu bringen, schlendern wir gemeinsam über den Wochenmarkt oder bleiben bei Ausflügen an einem Gemüsestand am Straßenrand stehen. Kaufen Sie ruhig auch Dinge, die nicht auf der Einkaufsliste stehen – etwas, das Ihnen oder den Kindern ins Auge fällt, weil es gut riecht oder eine schöne Farbe hat. Tragen Sie alles nach Hause, krempeln Sie die Ärmel hoch, und zaubern Sie eine einfache Mahlzeit, die alle begeistern wird.

Gutes Essen und Saisonalität

Wenn wir das elterliche Nest verlassen, werden wir für unsere Ernährung selbst verantwortlich. Manchen gelingt dies hervorragend, andere scheitern kläglich. Gründet man eine eigene Familie, bestimmt man, zumindest eine Zeit lang, was auf den Tisch kommt. Da kommt es darauf an, ob man sich für Lebensmittel aus dem Labor entscheidet oder für solche, die biologisch angebaut werden oder aus dem Meer kommen. Bei der Ernährung seiner Familie sollte man auf die Herkunft von Milchprodukten, Fisch, Fleisch und Grundnahrungsmitteln achten: frisch geerntetes Gemüse, biologisch gezüchtetes Geflügel und Rind, Fische und Meeresfrüchte in guter Qualität, Eier von freilaufenden Hühnern und Milchprodukte von artgerecht gehaltenen Kühen.

Viele Produkte sind das ganze Jahr über erhältlich, man weiß gar nicht mehr, was gerade Saison hat. Das ist eine Schande. In meiner Kindheit haben wir eigentlich immer saisonal gekocht, wir mussten gar nicht darüber nachdenken, es gab das, was gerade preiswert erhältlich war. Weltweiter Transport war damals ineffizient und teuer, bis auf die allgegenwärtige Banane aus Südamerika im Winter kannten wir keine exotischen Früchte.

Heute müssen wir mühsam herausfinden, was wann wo wächst. Das macht man am besten, indem man sich mit den lokalen Bauern und Lieferanten vertraut macht oder, sofern man die Zeit und den Platz hat, sein Obst und Gemüse selbst anbaut. Eine der besten Entscheidungen, die ich jemals gefällt habe, war, einen Biogarten anzulegen und einige alte Kulturobstbäume zu pflanzen. Ich erlebe jede Ernte wie beim ersten Mal und bestaune immer wieder die Schönheit von reifem Obst und Gemüse. Meine ersten Versuche haben mich so zufriedengestellt, dass ich inzwischen zwei weitere Dutzend Obstbäume angepflanzt habe. Heute kommt der Großteil unseres Obsts und Gemüses aus unserem Garten. Meine Kinder helfen mir bei der Gartenarbeit, und ihre Freude, wenn sie eine tieforange Möhre aus der Erde ziehen, ist unbeschreiblich. Selbst wenn Sie nur Platz für einen Zwergobstbaum in einem Topf auf der Terrasse haben, sollten Sie diesen pflanzen. Man lernt dadurch eine Menge über die Jahreszeiten.

Heimisches Obst und Gemüse der Saison sind meist billiger und schmecken besser als importierte Ware aus fernen Ländern. Natürlich können Sie Himbeeren auch im Dezember kaufen, doch ihr Aroma ist das Geld nicht wert, das Sie dafür bezahlen müssen. Wo auch immer Sie leben, Bauernhöfe und deren Produkte sind näher, als Sie denken. Befolgen Sie die Ratschläge für den richtigen Einkauf in diesem Buch, und jedes Gericht wird besser schmecken.

Sie werden auch feststellen, dass das Essen noch besser schmeckt, wenn die ganze Familie die Zutaten aussucht, sich in der Küche versammelt, um sie zuzubereiten, und sich dann gemeinsam an den Tisch setzt, um die Früchte der Arbeit und das Zusammensein zu genießen.

Ein Wort zu Salz und Pfeffer

Ich verwende ausschließlich Meersalz ohne Zusätze. Es ist weniger salzig als herkömmliches Tafelsalz, und die groben Kristalle lassen sich leicht mit den Fingerspitzen fassen. Manchmal nehme ich auch *fleur de sel.* Das ist ein köstliches Meersalz mit einem feinen mineralischen Geschmack. Ich streue es über fertige Gerichte wie Salate, gegrilltes Gemüse, Fisch und Fleisch.

Frisch gemahlener schwarzer Pfeffer verleiht meinen Gerichten meist den letzten Schliff. Sein kräftiges Aroma entfaltet sich am besten, wenn die Körner erst kurz vor der Verwendung gemahlen werden. Bereits gemahlener Pfeffer verliert rasch an Aroma. Gelegentlich nehme ich weißen Pfeffer, er schmeckt milder als schwarzer und veträgt große Hitze besser. Daran sollten Sie denken, wenn Sie schwarzen durch weißen Pfeffer ersetzen.

Viel Spaß beim Kochen!

Zimtschnecken aus dem Ofen, zarter Blätterteig, der beim ersten Bissen zerfällt, luftige Heidelbeerpfannkuchen – solche Speisen locken die Familie an den Tisch.

Brot & Gebäck

Mehl spielt bei allen Rezepten dieses Kapitels die Hauptrolle. Es hat jedoch viele Mitspieler: Es wird mit Triebmitteln, Zucker, Fetten sowie Salz vermischt, um damit feine Brote, leckeres Teegebäck, federleichten Blätterteig und extrem knusprigen Pizzaboden herzustellen. Den Gang zum Supermarkt, um diese Familienklassiker zu erwerben, können Sie sich in Zukunft sparen. Sie sind leicht selbst zu machen, vor allem, wenn alle mithelfen. Zeigen Sie Ihren Kindern, welche unterschiedlichen Mehlsorten und Triebmittel es gibt; sie werden bald Pitabrote in den Ofen schieben und fröhlich Brotteige kneten. Außerdem werden sie all die selbst gemachten Köstlichkeiten bis auf den letzten Krümel vergnügt verschlingen.

Mehl ist eigentlich ein simples Grundnahrungsmittel, doch wenn man Triebmittel und ein paar andere Zutaten hinzufügt, kann man bald reihenweise köstliche Backwaren aus dem Ofen holen.

Vielseitiges Mehl

ES GIBT NICHT NUR WEIZENMEHL

Mehl aus Roggen, Mais, Hafer, Buchweizen und Reis verleiht Teigen mehr Geschmack und Struktur. Diese Mehle werden in der Regel aus dem ganzen Korn vermahlen, deshalb gehen ihre wertvollen Inhaltstoffe nicht verloren. Alle enthalten wenig Gluten (Klebereiweiß) oder sind glutenfrei, deswegen muss man sie zum Backen mit glutenreichem Weizenmehl vermischen, damit der Teig bindet. Roggenmehl sorgt für einen angenehm säuerlichen, Hafermehl für einen süßlichen Geschmack. Buchweizen- und Maismehl werden oft für Muffins und Pfannkuchen verwendet. Vermischt mit Weizenmehl kann man auch aus Reismehl Brot backen.

Mehl bildet die Basis für Brote, Brötchen, Muffins, Torten und Pizzas. Die Körner fast aller Getreidearten können zu Mehl gemahlen werden, am verbreitetsten ist jedoch Weizenmehl. Es steckt voller Proteine und Nährstoffe, besonders, wenn man Vollkornmehl verwendet. Für Weizenmehl wird entweder proteinreicher Hartweizen oder Weichweizen verarbeitet, der weniger Proteine enthält.

Weizenmehle werden in Typen eingeteilt (siehe auch Kasten rechts).Die Typenzahlen geben Auskunft über den Gehalt an natürlichen Mineralstoffen. Je höher die Typenzahl, desto höher ist der Anteil an Vitaminen, Mineralstoffen und Ballaststoffen und desto dunkler ist das Mehl. Mehl Type 405 enthält zum Beispiel 405 Milligramm Mineralstoffe in 100 g Mehl. In Österreich wird auch die Feinheit der Vermahlung angegeben: glatt, griffig und doppelgriffig. Vollkornmehl hat keine Typenzahl. Es enthält alle Mineralstoffe, die das Korn von Natur aus mitbringt. Für feine Backwaren werden nur die Typen 405 und 550 verwendet. Die gute Backfähigkeit von Weizenmehl wird durch das Klebereiweiß des Mehlkörpers bewirkt. In Verbindung mit Flüssigkeit quillt es auf und bildet beim Kneten eine elastische Masse, den Weizenkleber. Bei Hefeteig ist der Kleberanteil des Mehls ausschlaggebend, weil der Kleber die Flüssigkeit im Teig bindet. Beim Backen verwandelt sich die Flüssigkeit in Dampf und sorgt dafür, dass sich die Luft ausdehnt. Bei zu hohem Kleberanteil gerät der Teig zu großporig, deshalb setzt man bei Biskuitteig Speisestärke hinzu.

Weiß- und Vollkornmehl

Ein Weizenkorn besteht aus drei Teilen: der äußeren Kleieschicht, dem mittleren Endosperm und dem Keimling. Bei Weißmehl werden Anteile der Kleie und des Keimlings vor dem Mahlen entfernt. Dadurch gehen Vitamine und Mineralstoffe verloren. Chemisches

Bleichen von Mehl sowie die Beigabe von Zusatzstoffen (außer Ascorbinsäure, diese festigt die Kleberstruktur, ist nicht hitzebeständig und wird beim Backen zerstört) sind nach deutschem Lebensmittelrecht nicht zulässig.

Vollkornmehl wird aus dem ganzen Korn gemahlen und enthält daher noch alle wertvollen Nährstoffe. Die Kleie liefert B-Vitamine, der Keimling Mineralstoffe, Proteine, Vitamin E, B-Vitamine und Öle – eine wahre Fundgrube für die gesunde Ernährung. Aus Vollkornmehl lassen sich Backwaren mit angenehm nussigem Aroma und kerniger Teigstruktur herstellen.

Mehl kaufen und lagern

Kaufen Sie Mehl in den haushaltsüblichen Packungsgrößen, da es nur begrenzt haltbar ist. Prüfen Sie vor dem Umfüllen in einen luftdichten Behälter, ob das Mehl Anzeichen von Insektenbefall (Fäden der Mehlmotte) aufweist. Kaufen Sie wenn möglich Mehl aus Weizen, der biologisch angebaut wurde. Es schmeckt meist besser und enthält keine Pestizide. Mehl, sowohl Weiß- als auch Vollkornmehl, sollte einen frischen, neutralen Geruch haben. Aufgrund seines hohen Öl- und Enzymgehalts wird Vollkornmehl schnell ranzig und sollte innerhalb von sechs bis acht Wochen aufgebraucht werden. Vollkornmehl, das seltsam riecht oder Mottenbefall zeigt, sofort entsorgen.

Mehl luftdicht, kühl, trocken und dunkel lagern. Helle Mehle (bis Type 812) halten sachgemäß gelagert bis zu ein Jahr lang. Vollkornmehl am besten im Kühlschrank aufbewahren. Vor der Verwendung Zimmertemperatur annehmen lassen.

DIE WICHTIGSTEN WEIZENMEHLE

- Type 405: Helles, sehr fein gemahlenes Mehl mit guter Backfähigkeit. Es lässt sich vielseitig verwenden, etwa für Kuchen, Plätzchen und Süßspeisen. Type 405 ist das gebräuchlichste Haushaltsmehl.
- Type 550: Backstarkes Mehl, das den Teig besonders gut aufgehen lässt. Es eignet sich daher hervorragend für Hefegebäcke, Brötchen, Kuchen, Stollen und helle Brote.
- Type 812: Dieses Mehl hat einen höheren Mineralstoffgehalt als Type 550. Es eignet sich gut für die Herstellung von hellen Bauernbroten und Brötchen.
- Type 1050: Eignet sich hervorragend für Mischbrote und herzhafte Backwaren.
- Type 1600: Ist das Mehl mit dem höchsten Mineralstoffgehalt und relativ dunkel, jedoch kein reines Vollkornmehl. Mehl Type 1600 ist für alle Backwaren geeignet, die eine kernige Struktur aufweisen sollen.

Triebmittel

Geben Sie ein wenig Hefe, Speisenatron oder Backpulver zur Mehlmischung – und schon wird Ihr Teig beim Ruhen und Backen schön aufgehen.

Hefe

Ist ein natürliches Triebmittel, das vorwiegend aus Hefepilzen besteht. Die Pilze verstoffwechseln Zucker zu Kohlendioxid und Alkohol. Das gasförmige Kohlendioxid wird vom Weizenkleber eingeschlossen und dehnt sich aus, dadurch geht der Teig auf – diesen Prozess beobachten Kinder gerne. Bei einer Temperatur von 27–43 °C fühlt sich Hefe am wohlsten. Werden 43 °C überschritten, sterben die Pilze ab, unter 1 °C reagiert Hefe nicht mehr.

Zum Backen werden gepresste Frischhefe (Blockhefe), Trockenhefe und wilde Hefe verwendet. Wilde Hefe wird auf einem Getreidenährboden gezüchtet: Die Hefesporen setzen sich an einem Mehl-Wasser-Gemisch fest, nähren sich von dem Mehl und fermentieren dabei sehr langsam. Dieser »gemütliche« Vorgang verleiht Sauerteig seinen unvergleichlichen Geschmack. Wenn man Brot bäckt, wird ein kleiner Teil des Sauerteigansatzes abgenommen, mit Mehl und Wasser aktiv gehalten sowie genährt und dann für das nächste Brot verwendet.

Frischhefe wird als 42-g-Würfel angeboten und sollte im Kühlschrank gelagert werden. Nach etwa zwei Wochen verliert sie ihre volle Triebkraft, sollte also vorher aufgebraucht werden.

Frische Hefe ist fest, hat eine helle, gelbliche Farbe und einen angenehmen Geruch. Alte Hefe ist braungrau, rissig und riecht muffig. Alte Hefe ist auch bei höherer Dosierung unbrauchbar und sollte weggeworfen werden.

Trockenhefe ist im Einzelhandel in 7-g-Beuteln erhältlich. Die Beutel sind mit einem Haltbarkeitsdatum versehen, das verbindlich ist, sofern die Trockenhefe trocken und kühl gelagert wird. Die meisten Bäcker lösen Trockenhefe in 43 °C warmem Wasser auf, bevor sie diese den trockenen Zutaten eines Rezeptes beifügen. Die Hefe sollte innerhalb von fünf Minuten aktiv werden. Tut sie das nicht, war die Trockenhefe zu alt, das Wasser zu warm oder zu kalt. Da hilft dann nur ein neuer Versuch. Andere mischen Trockenhefe unter die trockenen Zutaten und geben dann warme Flüssigkeit (bis zu 54 °C) hinzu.

Frische Hefe ist aktiver als Trockenhefe, doch wenn Sie sie einmal ausprobieren wollen, halten Sie sich an folgende Faustregel: 7 g Trockenhefe (1 Beutel) entsprechen etwa 17 g (etwas weniger als ein halber Würfel) frischer Hefe.

Speisenatron und Backpulver

Diese chemischen Triebmittel sorgen ebenfalls für die Lockerung des Teiges. In Verbindung mit Flüssigkeit produzieren sie Kohlendioxid (Kohlensäure), welches das Backwerk aufgehen lässt. Früher dachte ich, Speisenatron und Backpulver seien austauschbar, da sie fast identisch aussehen und die gleiche Wirkung haben. Da lag ich aber schwer daneben. Eines Tages machte ich einen Früchtekuchen, bei dem ich anstatt Backpulver Speisenatron nahm. Der Kuchen schmeckte so bitter, dass ich ihn wegwerfen musste. Denken Sie also daran: Die beiden werden oft zusammen verwendet, sollten aber nie gegeneinander ausgetauscht werden.

Speisenatron ist reines Natriumbikarbonat. Es reagiert auf Feuchtigkeit sowie Säure und benötigt stets eine säuerliche Zutat wie Buttermilch, Sauerrahm, echten Kakao, Zitrussaft oder Honig, damit es aktiv wird. Sobald das Natron mit Säure in Berührung kommt, wirkt es treibend. Teige, die Speisenatron enthalten, müssen sofort nach der Fertigstellung in den heißen Ofen, sonst fallen sie zusammen. Bewahren Sie Natron luftdicht verschlossen an einem kühlen Ort auf, es ist nahezu unbegrenzt haltbar.

Backpulver besteht aus Natron, Säuerungsmitteln und Stärke (meist Maisstärke, sie hält das Pulver trocken). Durch Hitze und Feuchtigkeit reagiert das Natron mit der Säure und setzt Kohlenstoffdioxid frei; es entstehen kleine Gasbläschen, die den Teig auflockern. August Oetker füllte ab 1893 sein Backpulver *Backin* in kleine Beutel ab, die noch heute im Handel erhältlich sind und in unveränderter Rezeptur hergestellt werden. Einmal geöffnetes Backpulver verliert rasch an Triebkraft. Es sollte daher gut verschlossen an einem kühlen Ort gelagert und innerhalb von sechs Monaten aufgebraucht werden. Sie können leicht prüfen, ob Backpulver noch aktiv ist: Rühren Sie eine kleine Menge in heißes Wasser – frisches Backpulver entwickelt sofort Blasen.

ZUM AUSPROBIEREN ZU HAUSE

Sauerteig-Ansatz

Es liegt etwas in der Luft. Zumindest, wenn Sie sich auf das Abenteuer einlassen, einen Sauerteig-Ansatz herzustellen. Sie brauchen Geduld, jedoch keine speziellen Geräte oder kostspieligen Zutaten. Die Belohnung besteht in einer Köstlichkeit, die man direkt aus dem Ofen genießen kann – dick mit frischer Butter und leckerer Marmelade bestrichen. Sie werden sehen, der Aufwand lohnt sich. Zudem entsteht ein lebendiges Wesen, um das Sie sich monatelang liebevoll kümmern können.

Zunächst müssen Sie ein wenig wilde Hefe mit einem Mehlbrei einfangen. Wie lange das dauern wird oder wie viel Hefe Ihnen ins Netz gehen wird, ist unbekannt, im Winter dauert es etwas länger als im Sommer. In Regionen mit feuchtem Klima gedeihen Hefesporen besser. Verzweifeln Sie nicht, wenn Sie in einer trockenen Klimazone wohnen, es kann durchaus eine Woche dauern, bis der Ansatz verwendungsfähig ist.

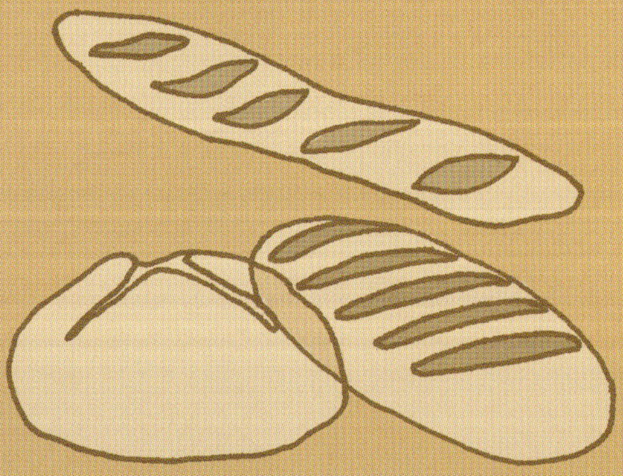

Sauerteig-Waffeln

Wenn sich Ihr Sauerteig-Ansatz in seinem Heim zu breit macht, sollten Sie ihn nicht hinauswerfen, sondern knusprige Waffeln machen. Die Kinder können den Teig anrühren, beim Waffelbacken sollte ein Erwachsener mit dabei sein. Mit Heidelbeeren oder Schokoladenstückchen schmecken die Waffeln besonders lecker. Sie können auch einen Klecks Butter und etwas Ahornsirup auf die heißen Waffeln geben.

Sie benötigen

- 275 g Sauerteig-Ansatz
- 175 ml warmes Wasser (40 °C)
- 150 g Mehl Type 405
- 2 Eier
- 1 TL grobes Meersalz
- 2 EL Zucker
- 1 TL Speisenatron
- Butter für das Waffeleisen

So geht's

Sauerteig-Ansatz, warmes Wasser und Mehl in einer Schüssel vermengen. Eier verquirlen und hinzufügen. Salz, Zucker sowie Speisenatron zugeben und alles gut verrühren. Die Schüssel mit Frischhaltefolie abdecken und den Teig 20 Minuten bei Raumtemperatur ruhen lassen. Ein Waffeleisen erhitzen und mit Butter einfetten. Etwa drei Esslöffel Teig hineingeben und die Waffel drei bis vier Minuten lang goldbraun backen. Mit dem restlichen Teig ebenso verfahren.

Ergibt 6 Waffeln

Das benötigen Sie

- **180 g Weintrauben**
- **2–3 Edelstahl- oder Keramikschüsseln**
- **150 g Mehl Type 550 plus etwa 200 g zum Nähren**
- **grobmaschiges Sieb**
- **2 Einmachgläser à 1 Liter**
- **Musselin (Seihtuch)**
- **je 2 Schraubdeckelverschlüsse und Metallringe**
- **Hammer und Nagel**

1 Trauben zerdrücken

TAG 1 Trauben von den Stielen befreien und in einer Schüssel leicht zerdrücken. In einer zweiten Schüssel Mehl und 250 ml warmes Wasser glatt rühren. Trauben untermischen. Die Schüssel offen an einen warmen Ort stellen (etwa 27 °C).

2 Das Tier füttern

TAG 2 Der Ansatz sollte kleine Bläschen aufweisen und gut riechen. Stellen Sie ihn in ein warmes Wasserbad oder in die Nähe des eingeschalteten Ofens, wenn es in Ihrer Küche zu kalt ist. Fügen Sie 60 ml warmes Wasser sowie 60 g Mehl hinzu. Den Ansatz gut durchrühren.

3 Das Tier lebt

TAG 3 Unter einer Kruste sollte sich nun Schaum gebildet haben. Falls nicht, ist Ihre Küche wahrscheinlich zu kühl. Erwärmen Sie den Ansatz, und lassen Sie ihn nochmals 2–3 Tage stehen. Kruste entfernen und 250 ml warmes Wasser untermischen. Durch ein Sieb abseihen. Mit 150 g Mehl zu einer dicken Paste rühren.

4 Den Ansatz abfüllen

Ansatz in Einmachgläser füllen. Jeweils mit Musselin abdecken und mit einem Metallring fixieren. Erneut an einen warmen Ort stellen. Wenn sich das Ansatzvolumen innerhalb von 4–6 Stunden verdreifacht, können Sie den Ansatz zum Brotbacken verwenden.

Falls nicht, fügen Sie einige Tage lang täglich 60 ml warmes Wasser und 60 g Mehl hinzu. Sollten die Gläser dadurch zu voll werden, entfernen Sie ein wenig Ansatz.

Nehmen Sie vom fertigen Ansatz 275 g ab, um Brot zu backen.

5 Lagern und nähren

Die Gläser verschließen. Die Deckel mit den Metallringen zusätzlich fixieren. Mit Nagel und Hammer ein Loch in die Deckelmitte schlagen. Gläser in den Kühlschrank stellen. Einmal pro Woche mit 125 ml lauwarmem Wasser und 75 g Mehl nähren. Wenn die Gläser zu voll werden, Brot oder Waffeln (siehe Seite 19) zubereiten. Oder überschüssigen Ansatz einem Freund schenken.

Knuspriges Sauerteigbrot

275 g Sauerteig-Ansatz
etwa 650 g Mehl Type 550
2 TL grobes Meersalz
Olivenöl für die Schüssel
Maismehl für das Blech
750 ml heißes Wasser

Ergibt 1 großes Brot

Sauerteig-Ansatz und 250 Milliliter warmes Wasser in einer großen Schüssel vermengen. 300 g Mehl einarbeiten, bis ein glatter Brei entsteht. Die Schüssel mit Frischhaltefolie abdecken und an einen warmen Ort stellen. Den Brei vier bis acht Stunden ruhen lassen, bis sich sein Volumen verdreifacht hat und er Blasen wirft.

Salz und 150 g Mehl mit einem Holzlöffel unterrühren. Den Teig auf eine leicht bemehlte Arbeitsfläche geben, sobald er sich nicht mehr rühren lässt. Etwa zwei Minuten lang kräftig durchkneten. Nach und nach restliches Mehl einarbeiten, bis ein glatter Teig entsteht. Das dauert fünf bis zehn Minuten; vielleicht ist nicht die gesamte Mehlmenge nötig. Teig zu einer Kugel formen, in eine eingeölte Schüssel legen und darin wenden, bis der gesamte Teig leicht mit Öl benetzt ist. Die Schüssel luftdicht mit Folie verschließen und den Teig an einem warmen Ort vier bis sechs Stunden zur doppelten Größe aufgehen lassen.

Den Teig kurz kneten, dann zu einem runden Laib formen. Eine große Schüssel mit einem Küchentuch auslegen, das Tuch mit Mehl bestäuben und den Laib mit der Unterseite nach oben darauflegen. Die Schüssel mit Folie bedecken und den Laib an einem warmen Ort etwa zwei Stunden zur doppelten Größe aufgehen lassen.

Eine flache Backform (750 ml Fassungsvermögen) auf die untere Einschubleiste des Ofens stellen. Ein Backblech mit Maismehl bestäuben. Ofen auf 220 °C vorheizen.

Den Laib auf das Backblech stürzen. Mit einem scharfen Messer oben dreimal 6 mm tief über Kreuz einschneiden. Das Blech in den Ofen schieben. Die Backform mit dem heißen Wasser füllen und die Ofentüre sofort schließen.

Das Brot 15 Minuten backen, dabei die Backofenwände alle fünf Minuten mit Wasser besprühen. Ofentemperatur auf 190 °C reduzieren. Das Brot backen, bis ein in die Mitte gestecktes Bratthermometer 100 °C anzeigt. Herausnehmen, fünf Minuten auf dem Blech, dann auf einem Kuchengitter abkühlen lassen. Noch warm servieren.

Unsere Meyer-Zitronenbäume liefern uns im Winter tonnenweise Früchte. Zum Glück, denn meine Kinder können von diesem Kuchen gar nicht genug bekommen – als Pausenbrot oder Snack, wenn sie von der Schule nach Hause kommen. Deshalb helfen sie beim Backen begeistert mit. Wir pressen immer mehr Zitronen aus und frieren den Saft ein, damit wir diesen Kuchen das ganze Jahr über backen können.

Zitronen-Mohn-Kuchen

Ofen auf 180 °C vorheizen. Eine Kastenform (20 x 10 cm) mit Butter ausstreichen und mit Mehl ausstäuben. Überschüssiges Mehl abklopfen.

Mehl, Backpulver sowie Speisenatron und Salz in einer Schüssel vermischen. Sauerrahm, Milch und Zitronensaft in einer zweiten Schüssel gut verquirlen.

Butter, Zucker und Zitronenschale im Mixer schaumig rühren. Die Eier einzeln beigeben. Unter ständigem Rühren auf niedriger Stufe abwechselnd die Mehlmischung und die Milchmischung zugeben. Den Mohn hinzufügen und alles fünf Sekunden lang auf höchster Stufe verrühren.

Den Teig in die Form füllen und glatt streichen. Etwa 50 Minuten backen, bis an einem in die Mitte gesteckten Holzstäbchen keine Teigreste mehr haften bleiben. Das Brot vor dem Servieren auf einem Kuchengitter abkühlen lassen.

Varianten

Ersetzen Sie Zitronenschale und -saft durch Orangenschale und -saft. Lassen Sie den Mohn weg, wenn Ihre Kinder keinen mögen. Oder nehmen Sie anstelle des Mohns 30 g fein gemahlene, geröstete Mandeln, das schmeckt auch sehr fein.

Butter und Mehl für die Form

350 g Mehl Type 405

1 TL Backpulver

¼ TL Speisenatron

½ TL grobes Meersalz

125 g Sauerrahm

125 ml Milch

2 EL frisch gepresster Zitronensaft

125 g zimmerwarme Butter

250 g Zucker

1 gestrichener EL abgeriebene Schale einer unbehandelten Zitrone

2 große Eier

40 g Mohn

Ergibt 1 Brot

Meine Töchter und ich machen diese Pitabrote sehr oft, und zu 99 Prozent gelingen sie uns. Es gibt meist eines, das nicht aufgeht. Der Schlüssel zum Erfolg ist ein heißer Ofen und ein heißes Backblech. Sobald der Teig im Ofen ist, sollte man diesen während der Backzeit nicht mehr öffnen.

Pitabrot

1½ TL Trockenhefe
1 TL Zucker
550 g Mehl Type 405
75 g Vollkornmehl
1½ TL grobes Meersalz
Olivenöl für die Schüssel

Ergibt 12 Stück

Die Hefe in einer Schüssel rasch mit 125 ml warmem Wasser vermischen. Einige Minuten stehen lassen, dann gut verrühren. Zucker untermengen, anschließend mit 75 g Mehl zu einem glatten Brei verarbeiten. Mit Frischhaltefolie abdecken und an einem warmen Ort etwa 15 Minuten gehen lassen. Restliches Wasser, restliches Mehl, Vollkornmehl und Salz hinzufügen. Mit den Knethaken eines Handrührgeräts in etwa zehn Minuten zu einem glatten Teig verarbeiten. Zu einer Kugel formen, in eine eingeölte Schüssel legen und darin wenden, bis der gesamte Teig leicht mit Öl benetzt ist. Mit Folie abdecken und an einem warmen Ort etwa zwei Stunden zur doppelten Größe aufgehen lassen.

Ein Backblech mit Mehl bestäuben. Den Teig auf bemehlter Arbeitsfläche zu einer dicken Rolle formen. Diese in zwölf gleich große Stücke schneiden und anschließend zu Kugeln formen. Auf das Blech setzen, mit Folie abdecken und 10–15 Minuten gehen lassen. Inzwischen den Ofen auf 250 °C vorheizen. Ein großes Blech auf die unterste Einschubleiste schieben. Die Teigkugeln auf bemehlter Arbeitsfläche zu 6 mm dicken Fladen ausrollen. Einen Fladen auf die Handfläche legen, auf das Blech im Ofen stürzen und die Ofentüre rasch wieder schließen. Drei bis vier Minuten backen, mit einer Kuchenzange wenden und nochmals zwei bis drei Minuten backen. Auf ein sauberes Küchentuch legen, kurz abkühlen lassen. Jeden Fladen auf diese Weise backen. Warm servieren.

Widerstehen Sie der Versuchung, den Ofen zu öffnen, während diese federleichten Brötchen backen, und Sie werden mit unglaublich luftigem Gebäck belohnt. Meine Kinder wollen immer einen Blick in den Ofen werfen, deshalb muss ich sie aus der Küche scheuchen.

Brötchen

Ofen auf 230 °C vorheizen. Mehl, Salz und Backpulver in einer Schüssel vermengen. Eier, Milch und geschmolzene Butter gut verrühren. Die Mehlmischung hinzufügen und das Ganze zu einem glatten Teig rühren. In einen Messbecher (1 l) mit Ausgießer füllen.

12 Briocheförmchen (8 cm Durchmesser) mit Antihaftbeschichtung auf ein Backblech stellen. Die 4 Esslöffel Butter gleichmäßig auf die Förmchen verteilen und diese für etwa fünf Minuten in den Ofen stellen, bis die Butter geschmolzen ist.

Das Blech herausnehmen und die Förmchen rasch jeweils zu drei Vierteln mit Teig anfüllen. Wieder in den Ofen geben und die Brötchen 20 Minuten backen. Währenddessen keinesfalls die Ofentüre öffnen, sonst gehen die Brötchen nicht auf.

Ofentemperatur auf 190 °C reduzieren und die Brötchen nochmals 15–20 Minuten backen, bis sie goldbraun sind. Herausnehmen und sofort servieren.

240 g Mehl Type 405

1 TL grobes Meersalz

¼ TL Backpulver

4 große, zimmerwarme Eier

375 ml Milch

3 EL geschmolzene, noch warme Butter plus 4 EL Butter für die Förmchen

Ergibt 12 Stück

Wenn Ihre Kinder wie meine sind, dann wollen sie zusehen, wie die Donuts im Öl aufgehen. Lassen Sie sie ruhig über Ihre Schulter blicken, aber in sicherem Abstand zur heißen Pfanne. Die Kinder dürfen beim Ausstechen helfen und die warmen Donuts in Zimtzucker wälzen – mithilfe von Papiertüten, die sie zuvor selbst bemalt haben.

Zimt-Zucker-Donuts

Öl zum Ausbacken

450 g Mehl Type 405

60 g Zucker

1 TL grobes Meersalz

½ TL Speisenatron

1 EL Backpulver

1 Msp. frisch geriebene Muskatnuss

1 großes Ei

125 ml Buttermilch

60 ml naturtrüber Apfelsaft

2 EL geschmolzene Butter

1 TL Bourbon-Vanillezucker

125 g Zucker, vermischt mit 2 TL gemahlenem Zimt

Ergibt etwa 13 Stück

Einen großen, schweren Topf 2,5 cm hoch mit Öl anfüllen. Das Öl auf 190 °C erhitzen. Ein Backblech mit Küchenkrepp belegen.

Während das Öl heiß wird, Mehl, Zucker, Salz, Speisenatron, Backpulver und Muskatnuss in einer großen Schüssel vermengen. Ei, Buttermilch, Apfelsaft, geschmolzene Butter und Bourbon-Vanillezucker gründlich verrühren. Zur Mehlmischung geben und zu einem zähen Teig verarbeiten.

Den Teig auf eine bemehlte Arbeitsfläche geben und mit bemehlten Händen durchkneten, bis er nur leicht klebrig ist. Zu einem 2,5 cm dicken Kreis flachdrücken. Mit runden Ausstechförmchen (6 cm Durchmesser) Donuts ausstechen. Die Förmchen immer wieder mit Mehl bestäuben. Das Loch in der Mitte jeweils mit einem kleinen, runden Ausstechförmchen (2 cm Durchmesser) ausstechen.

Jeweils zwei oder drei Donuts auf einem Schaumlöffel ins heiße Öl gleiten lassen. Etwa eine Minute lang backen, dann mit dem Schaumlöffel wenden und die andere Seite ein bis zwei Minuten lang goldbraun backen. Wenn die Donuts zu braun werden, die Hitze leicht reduzieren. Auf dem Küchenkrepp abtropfen lassen.

Die Zimt-Zucker-Mischung in eine Papiertüte füllen. Jeweils zwei bis drei noch warme Donuts hineingeben, die Tüte oben fest zusammenhalten und leicht schütteln. Ein Genuss!

Ella

Diese Tarte schmeckt, als käme sie direkt aus einer Pariser Konditorei. Im Sommer ist sie unsere absolute Lieblingstarte. Meine Kinder belegen die Vanillecreme sehr gerne mit vollreifen Beeren, süßen Pfirsichen oder leicht säuerlichen Aprikosen. Sie können die Früchte auch mitbacken, erhöhen Sie die Backzeit dann um 10–15 Minuten.

Himbeertarte

⅓ Rezept Schneller Blätterteig (siehe Seite 279) oder 1 Lage tiefgekühlter Blätterteig (25 x 33 cm), nach Packungsanweisung aufgetaut

250 g Crème fraîche

2 große Eier

60 g Zucker

1 EL Mehl Type 405

½ TL grobes Meersalz

2 TL Bourbon-Vanillezucker

400 g frische Himbeeren, wahlweise auch 550 g Pfirsich- oder Aprikosenspalten

Ergibt 1 Tarte (25 cm)

Blätterteig auf leicht bemehlter Arbeitsfläche zu einem 3 mm dicken Kreis (30 cm) ausrollen. Lose um ein Rollholz wickeln und in eine Springform (25 cm) legen. Den Teig fest andrücken und den Rand hochziehen, sodass er rundherum etwas über die Form lappt. Überhängenden Teig mit den Fingern leicht zusammendrücken (siehe Foto). Den Teig für 20 Minuten in den Kühlschrank stellen. Inzwischen den Ofen auf 200 °C vorheizen.

Teigboden mit einer Gabel mehrmals einstechen. Mit Pergamentpapier belegen und mit Hülsenfrüchten (Linsen, Trockenbohnen) füllen. Den Teig 15 Minuten lang backen. Pergamentpapier mitsamt Hülsenfrüchten entfernen und den Teig nochmals etwa zehn Minuten backen.

Während der Teig bäckt, Crème fraîche, Eier, Zucker, Mehl, Salz und Bourbon-Vanillezucker zu einer Creme rühren. Beiseite stellen.

Tarteboden herausnehmen und kurz abkühlen lassen. Ofentemperatur auf 180 °C reduzieren. Die Vanillecreme gleichmäßig auf dem Tarteboden verstreichen und nochmals etwa 20 Minuten backen. Auf einem Kuchengitter vollständig abkühlen lassen. Dann den Ring der Springform entfernen und die Tarte vorsichtig auf eine Kuchenplatte gleiten lassen. Mit frischen Früchten belegen und servieren.

Die hohe Ofentemperatur bei diesem Rezept für Brötchen aus England sorgt dafür, dass das Backwerk schön aufgeht. Hier können Kinder sehr gut mitmachen: Sie können Zutaten abwiegen, den Teig rühren sowie ausstechen und schließlich vor dem Backen mit Sahne bestreichen.

Scones

300 g Mehl Type 405

2 EL Zucker

1 TL Backpulver

½ TL grobes Meersalz

1 TL abgeriebene Schale einer unbehandelten Zitrone oder Orange

125 g kalte Butter, in Würfel geteilt

90 g getrocknete Johannisbeeren

250 g Sahne plus 60 g zum Bestreichen

Ergibt 12 Stück

Ofen auf 230 °C vorheizen. Ein großes Blech mit Backpapier belegen.

Mehl, Zucker, Backpulver, Salz und Zitrusschale in einer großen Schüssel vermengen. Butterwürfel zugeben und mithilfe einer Palette oder zweier Messer rasch einarbeiten, bis erbsengroße Streusel entstehen. Johannisbeeren sowie Sahne schnell untermischen.

Den Teig auf einer bemehlten Arbeitsfläche zu einer Kugel formen und dann zu einem elastischen Teig verkneten. Zu einem 4 cm dicken Kreis flachdrücken. Mit einem runden Ausstechförmchen (7 cm) Kreise ausstechen und diese auf das Blech setzen. Dazwischen jeweils 5 cm Abstand lassen. Mit Sahne bestreichen.

Etwa zwölf Minuten lang goldbraun backen. Kurz auf einem Kuchengitter abkühlen lassen. Warm servieren.

Varianten

Anstelle der Johannisbeeren können Sie auch getrocknete Heidelbeeren, Sauerkirschen oder Preiselbeeren verwenden. Etwas kalorienärmer wird das Gebäck, wenn Sie die Sahne durch Buttermilch ersetzen. Lassen Sie dann die Johannisbeeren weg, geben Sie nur einen Esslöffel Zucker hinzu und mischen Sie zusätzlich einen Teelöffel Speisenatron unter den Teig.

Meine ältere Tochter mag Maistortillas lieber als Weizentortillas und konnte sie bereits im Alter von sieben Jahren selbst backen. Es gibt spezielles Maismehl für die Herstellung von Tortillas, Masa Harina. Sie erhalten es in gut sortierten Supermärkten.

Maistortillas

300 g Maismehl, zum Beispiel *Masa Harina*

Ergibt etwa 12 Stück

Maismehl in eine Schüssel geben. 250 Milliliter warmes Wasser hinzufügen und mit den Händen vermengen, bis ein fester, glatter Teig entsteht. Wenn der Teig zu trocken ist, eventuell etwas mehr Wasser beigeben.

Den Teig in zwölf gleich große Stücke teilen und diese zu Kugeln formen. Mit einem feuchten Küchentuch bedecken und kurz ruhen lassen.

Jede Kugel zwischen zwei Lagen Frischhaltefolie zu einem dünnen Fladen ausrollen. Eine große, beschichtete Pfanne erhitzen.

Eine Tortilla in die heiße Pfanne geben. Etwa 30 Sekunden backen. Mit einem Pfannenwender umdrehen und auf der anderen Seite etwa eine Minute backen, bis die Ränder trocken aussehen und die Tortilla sich in der Mitte wölbt. Die Tortilla beim Backen mit dem Pfannenwender leicht gegen den Pfannenboden drücken. Fertige Tortilla in ein Küchentuch einschlagen, damit sie warm bleibt. Restliche Tortillas ebenso backen. Warm servieren.

Als ich ein Kind war, brachte meine Mutter den Pizzateig von der Pizzeria um die Ecke mit, und jeder konnte sich seine eigene Pizza zubereiten. Wir mochten diese Pizzas lieber als diejenigen, die man im Restaurant bestellen konnte. Wir waren davon überzeugt, dass sie viel besser waren. Meist blieb etwas Teig übrig, den konnte man dann am nächsten Morgen in einen Leckerbissen verwandeln.

Mein Vater stand früh auf und schnitt den übrig gebliebenen Pizzateig in Streifen. Dann erhitzte er Öl in einem Topf und backte die Streifen goldbraun und knusprig aus. Der Duft der frisch ausgebackenen Stangen durchzog das ganze Haus. Wir bestäubten die Leckerei dick mit Puderzucker oder tauchten sie in Ahornsirup. Ich weiß noch, wie ich mit sirupverschmiertem, fröhlichem Gesicht am Frühstückstisch saß. Vor ein paar Jahren habe ich meinen Kindern diese frittierten Teigstreifen vorgesetzt – ihre Reaktion darauf zeigte, dass die Begeisterung für diese einfache Köstlichkeit in den Genen liegen muss.

Alles, was Sie dafür brauchen, ist ein großer, schwerer Topf, der zur Hälfte mit 190 °C heißem Rapsöl gefüllt ist, ½ Rezept Pizzateig (siehe Seite 38), ein scharfes Messer, Puderzucker und/oder Ahornsirup. Anschließend halten Sie sich einfach an die oben beschriebene Vorgangsweise meines Vaters.

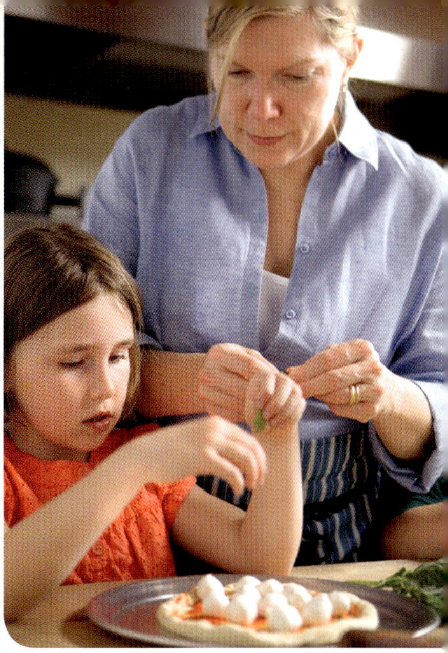

Bei uns finden häufig Pizza-Partys statt. Ich mache den Teig bereits am Vortag, gebe ihn in den Kühlschrank und lasse ihn vor der Weiterverarbeitung Zimmertemperatur annehmen. Sobald Familie und Freunde vollzählig versammelt sind, belegt jeder seine Pizza nach seinem persönlichen Geschmack. Nebenstehend finden Sie das Rezept für eine klassische Margherita, Sie können den Belag aber beliebig gestalten.

Pizzateig

1 ½ TL Trockenhefe

1 TL Zucker

550 g Mehl Type 405

2 TL grobes Meersalz

2 EL kalt gepresstes Olivenöl

Öl für die Schüssel

Reicht für 4 mittelgroße Pizzas

Hefe in einer kleinen Schüssel rasch mit 125 ml warmem Wasser verrühren. Einige Minuten ruhen lassen. Dann Zucker und 80 g Mehl untermischen. Mit Frischhaltefolie abdecken und an einem warmen Ort etwa 15 Minuten ruhen lassen.

400 g Mehl in einer Schüssel mit dem Salz vermischen. In die Mitte eine Mulde drücken und die Hefemischung, 175 Milliliter warmes Wasser sowie das Öl hineingießen. Etwa zehn Minuten lang mit den Knethaken eines Handrührgeräts vermengen. Dabei so viel vom restlichen Mehl zufügen, bis ein elastischer Teig entsteht.

Den Teig zu einer Kugel formen, in eine eingeölte Schüssel legen und darin wenden, bis der gesamte Teig leicht mit Öl benetzt ist. Mit Folie abdecken und an einem warmen Ort etwa zwei Stunden zur doppelten Größe aufgehen lassen.

Nochmals durchkneten und in vier gleich große Stücke teilen. Jedes Stück zu einer Kugel formen. Auf einen bemehlten Teller legen, mit Folie abdecken und 15 Minuten ruhen lassen.

Pizza Margherita

Ofen auf 230 °C vorheizen. Zwei große Backbleche dick mit Mehl bestäuben.

Jede Teigkugel auf leicht bemehlter Arbeitsfläche zu einem etwa 6 mm dicken Kreis ausrollen. Mehrmals mit einer Gabel einstechen und auf eines der Backbleche legen. Auf jedes Blech zwei Teigstücke geben oder nacheinander backen, wenn die Bleche nicht groß genug sind.

Jede Pizza mit etwa 60 ml Tomatensauce bestreichen. Mit Chiliflocken (falls verwendet) und Basilikumstreifen bestreuen. Mit je einem Viertel des Mozzarellas und des Parmesans belegen beziehungsweise bestreuen. Mit Öl beträufeln und mit Salz würzen.

Die Pizzas etwa zehn Minuten backen, bis der Käse goldbraun und vollständig geschmolzen ist. Herausnehmen und auf ein Schneidbrett legen. Fünf Minuten ruhen lassen und dann in Stücke schneiden. Heiß servieren.

75 g Mehl Type 405 für die Bleche

250 ml Tomaten-Basilikum-Sauce (siehe Seite 235) oder fertige Tomatensauce in guter Qualität

Chiliflocken (optional)

2 EL frisches Basilikum, in Streifen geschnitten

500 g Mozzarella, in dünne Scheiben geschnitten

30 g Parmesan, frisch gerieben

kalt gepresstes Olivenöl zum Beträufeln

grobes Meersalz

Ergibt 4 Pizzen

Als meine Töchter diese Zimtschnecken zum ersten Mal sahen, konnten sie kaum an sich halten. Sie bestanden darauf, zwei mit in die Schule zu nehmen, um sie all ihren Freunden zu zeigen. Bereiten Sie den Teig am Vortag zu, damit er über Nacht ruhen kann. Am nächsten Morgen können Sie das Gebäck entspannt in den Ofen schieben.

Zimtschnecken

Für den Teig
1 EL Trockenhefe

700 g Mehl Type 405

4 große Eier

60 g Zucker

2 TL grobes Meersalz

125 g zimmerwarme Butter plus Butter für die Form

Außerdem
125 g geschmolzene Butter

125 g Zucker, vermischt mit 1 EL gemahlenem Zimt

Vanilleglasur (siehe Seite 279)

Ergibt 10 Stück

Trockenhefe und 125 Milliliter warmes Wasser in einer großen Schüssel rasch vermischen. Einige Minuten ruhen lassen, dann glatt rühren. 75 g Mehl unterrühren. Mit Frischhaltefolie abdecken und an einem warmen Ort etwa 30 Minuten ruhen lassen.

Eier, Zucker, Salz und restliches Mehl hinzufügen. Mit den Knethaken eines Handrührgeräts oder einer Küchenmaschine drei bis vier Minuten lang vermengen. Weiche Butter zugeben und alles in zehn bis zwölf Minuten zu einem glatten Teig verarbeiten. Mit Folie abdecken und etwa zwei Stunden zur doppelten Größe aufgehen lassen.

Eine rechteckige Backform (23 x 33 cm) mit Butter ausstreichen. Den Teig auf bemehlter Arbeitsfläche zu einem Rechteck (38 x 25cm) ausrollen. Das Rechteck mit der Hälfte der flüssigen Butter bestreichen, dabei an einer langen Seite einen 5 cm breiten Rand frei lassen. Die Zucker-Zimt-Mischung auf den gebutterten Teig streuen. Das Rechteck von der Längsseite aus eng aufrollen und die Nahtstelle zusammendrücken. Die Rolle mit der Nahtstelle nach unten in zehn gleich dicke Scheiben schneiden. In die Form legen und mit der restlichen flüssigen Butter bestreichen. Mit Folie abdecken und über Nacht im Kühlschrank ruhen lassen.

Am nächsten Tag an einem warmen Ort etwa eine Stunde lang gehen lassen. Ofen auf 180 °C vorheizen. Die Zimtschnecken etwa 30 Minuten backen. 15 Minuten in der Form abkühlen lassen. Noch warm mit Vanilleglasur bestreichen und servieren.

Als Galettes bezeichnet man in Frankreich bretonische Pfannkuchen, aber auch einfache Kuchen, die auf dem Blech gebacken werden. Mit frischen Früchten der Saison schmeckt der knusprige Mürbeteig besonders gut. Im Sommer bieten sich Kirschen, Beeren, Pfirsiche und Aprikosen an, im Herbst Birnen und Äpfel. Bis auf Erdbeeren sollten alle Beerensorten möglichst nur verlesen, doch nicht gewaschen werden.

Obst-Galette

Den Mürbeteig wie auf Seite 278 beschrieben zubereiten und kühl stellen. Die vorbereiteten Früchte in einer Schüssel mit Zucker, Mehl und Salz vermengen. Beiseite stellen. Den Ofen auf 220 °C vorheizen.

Ein Backblech mit Butter einstreichen. Den Teig auf leicht bemehlter Arbeitsfläche zu einem 3 mm dicken Kreis mit 30 cm Durchmesser ausrollen. Leicht mit Mehl bestäuben und auf das Blech legen. Die Früchte in der Mitte des Teigbodens verteilen, rundherum einen 5 cm breiten Rand frei lassen. Früchte mit Butterflöckchen bestreuen. Den Teigrand über den Früchten faltig einschlagen und die Falten vorsichtig zusammendrücken.

Die Teigfalten mit kaltem Wasser einpinseln. Die Galette für 20 Minuten in den Kühlschrank stellen.

15 Minuten backen. Ofentemperatur auf 190 °C reduzieren und die Galette nochmals 50–60 Minuten backen, bis der Teig goldbraun ist (bei empfindlichen Beeren eventuell nur 45 Minuten). Herausnehmen und fünf Minuten auf dem Backblech ruhen lassen. Mit einem Metallspatel behutsam vom Blech lösen, mindestens 20 Minuten abkühlen lassen. Noch warm mit Vanilleeis oder Schlagsahne servieren.

1 Rezept Mürbeteig (siehe Seite 278)

600 g frische Früchte der Saison, je nach Sorte verlesen, gewaschen, geschält, vom Kerngehäuse befreit/entkernt und in Spalten geschnitten

etwa 150 g Zucker, je nach Süße der Früchte

2–3 EL Mehl Type 405

1 Prise Salz

Butter für das Blech

2 EL Butter, in Flöckchen

Köstliches Vanilleeis (siehe Seite 71) oder gesüßte Schlagsahne (siehe Seite 278) zum Servieren

Ergibt 1 Kuchen
Für 6–8 Personen

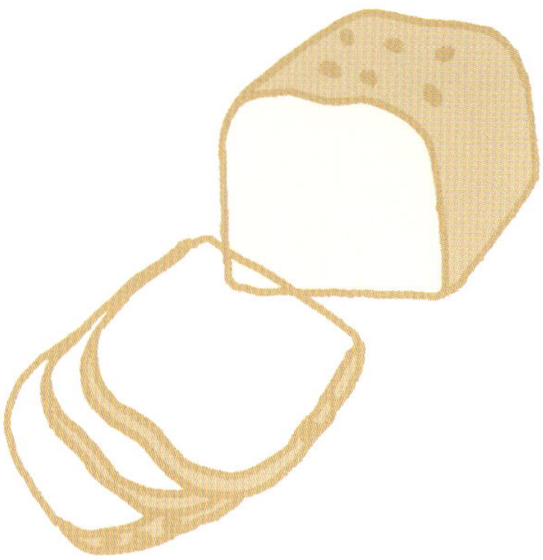

Dieses Brot zu backen verschafft mir tiefe Befriedigung, außerdem duftet das ganze Haus dann herrlich nach frischem Brot. Es schmeckt wunderbar zum Frühstück, und man kann tolle Sandwiches damit zaubern. Ich mache immer zwei Brote und friere eines als Vorrat ein.

Vollkornbrot

450 g Mehl Type 405

750 g Vollkornmehl

2 EL Trockenhefe

625 ml warme Milch (40 °C)

180 g Honig

2 TL grobes Meersalz

125 g zimmerwarme Butter plus Butter für die Bleche

Ergibt 2 Brote

Mehlsorten vermischen. 150 g abnehmen und beiseite stellen. Die Trockenhefe in einer großen Schüssel rasch mit der warmen Milch verrühren. Einige Minuten ruhen lassen, dann glatt rühren. Honig sowie Salz unterrühren, fünf Minuten stehen lassen und die Mischung erneut verrühren. Das Mehl mit einem Holzlöffel gründlich untermengen, der Teig ist nun krümelig und trocken. Die Butter hinzufügen und mit den Knethaken eines Handrührgeräts etwa 10 Minuten lang durcharbeiten. Dabei so viel von dem abgenommenen Mehl zufügen, bis ein glatter, elastischer Teig entsteht.

Den Teig auf einer Arbeitsfläche kurz mit den Händen durchkneten. Zu einer Kugel formen, in die Schüssel zurückgeben und mit Frischhaltefolie abdecken. An einem warmen Ort zwei bis zweieinhalb Stunden bis zur doppelten Größe aufgehen lassen. Der Teig ist perfekt, wenn er auf Fingerdruck leicht nachgibt. Diesen Test können die Kinder machen.

Zwei Bleche mit Butter einstreichen. Den Teig halbieren und jede Hälfte zu einem Laib formen. Mit einem Küchentuch abdecken und an einem warmen Ort nochmals etwa 45 Minuten gehen lassen. Nach 30 Minuten Gehzeit den Ofen auf 190 °C vorheizen.

Die Brote 35–40 Minuten backen. Auf Kuchengittern abkühlen lassen und noch warm servieren.

Mit dieser dicken, weichen Focaccia bereite ich oft das Lieblingssandwich meiner Kinder zu – mit Schinken, Käse, Tomaten und Mozzarella. Sie geht beim Backen zur doppelten Größe auf, wenn Sie sie also dünner wünschen, sollten Sie die Foccacia zuvor stärker flachdrücken.

Focaccia mit Rosmarin

1 EL Trockenhefe

1 TL Zucker

700 g Mehl Type 405, eventuell etwas mehr

2 TL grobes Meersalz

175 ml kalt gepresstes Olivenöl

1 ½ TL grob gehackte Rosmarinnadeln

¾ TL *fleur de sel*, ersatzweise grobes Meersalz

Ergibt 1 Foccacia

Die Trockenhefe mit 125 ml warmem Wasser vermischen. Einige Minuten ruhen lassen, dann glatt rühren. Zucker und 75 g Mehl untermischen. Mit Frischhaltefolie abdecken und an einem warmen Ort etwa 15 Minuten gehen lassen.

Restliches Mehl in einer großen Schüssel mit dem Salz vermischen. In die Mitte eine Mulde drücken. Hefemischung, 250 ml warmes Wasser und 125 ml Öl hineingießen. Mit den Knethaken eines Handrührgeräts acht bis zehn Minuten lang durcharbeiten, bis ein glatter, elastischer Teig entsteht. Zu einer Kugel formen, in eine eingeölte Schüssel legen und darin wenden, bis der gesamte Teig leicht mit Öl benetzt ist. Luftdicht mit Folie abdecken und an einem warmen Ort etwa zwei Stunden zur doppelten Größe aufgehen lassen.

Ein Backblech (23 x 33 cm) dünn mit Öl bepinseln. Den Teig darauflegen und mit den Händen flachdrücken, bis das ganze Blech mit Teig bedeckt ist. Mit den Fingerspitzen kleine Vertiefungen in den Teig drücken, mit dem restlichen Öl beträufeln und mit Rosmarin sowie *fleur de sel* bestreuen. Mit Folie abdecken und an einem warmen Ort nochmals 30 Minuten gehen lassen. Ofen auf 220 °C vorheizen.

10 Minuten backen. Ofentemperatur auf 200 °C reduzieren und die Focaccia etwa 20 Minuten lang goldbraun backen. Vor dem Servieren 15 Minuten auf einem Kuchengitter abkühlen lassen.

Die Milch im Glas war eiskalt. Ich tauchte einen Keks hinein, sah, wie er die sahnige Flüssigkeit aufsaugte, und aß ihn rasch, bevor er sich in dem weißen Meer auflöste.

Milchprodukte

Was würden wir ohne Milch tun? Wir kochen damit und geben sie Babys und Kleinkindern. Wir tauchen Schokoladenkekse in kalte oder rühren Kakao in heiße Milch und erhalten einen wärmenden Abendtrunk. Aus Milch werden Butter, Sahne, Joghurt, Sauerrahm und Hunderte verschiedene Käsesorten hergestellt. Diese Produkte werden für herzhafte Lasagne sowie Gratins, köstliche Desserts und alle möglichen Sandwiches verwendet. Außerdem ist Milch ein sehr gesundes Lebensmittel: Sie enthält wertvolle Proteine und viel Kalzium, das ist für den Aufbau und Erhalt von Knochen und Zähnen wichtig. Vitamine und Mineralstoffe unterstützen das allgemeine Wachstum, und das Milchfett liefert Energie.

Ob sie nun von Kühen, Schafen oder Ziegen stammt: Milch ist ein enorm vielseitiges Lebensmittel, das zu unzähligen Produkten verarbeitet wird, wie etwa Sahne, Butter, Weich- oder Hartkäse.

Milch hat viele Gesichter

Ein Glas Milch sieht nach nichts Besonderem aus. Dementsprechend lieblos behandeln wir sie auch manchmal: Wir trinken sie direkt aus dem Karton oder gießen im Glas verbliebene Reste in den Abfluss. Wir sollten Milch aber nicht als selbstverständlich betrachten. Erstens ist sie gesund, und zweitens sind viele unserer Lieblingsspeisen ohne Milchprodukte gar nicht denkbar: Was wären heiße Ofenkartoffeln ohne einen Klecks Sauerrahm, Früchte ohne cremigen Joghurt, Schokoladensauce ohne Eiscreme?

Kuhmilch wird beim Kochen am häufigsten verwendet. Sie besteht aus Wasser, Laktose (Milchzucker), Fett, Eiweiß und Mineralstoffen. Frische Vollmilch enthält in der Regel 3,5 % Fett, dieser Wert hängt auch von der Jahreszeit, der Rinderrasse und dem Futter der Tiere ab. Fettarme Milch (1,5–1,8 %) oder Magermilch (maximal 0,3 %) weist den gleichen Kalziumgehalt wie Vollmilch auf.

Pasteurisierung und Rohmilch

Seit Ende des 19. Jahrhunderts wird Milch pasteurisiert, also 30 Sekunden lang auf 75 °C erhitzt und danach sofort wieder abgekühlt. Bei diesem Prozess werden krankmachende Keime abgetötet, was seinerzeit ein echter Fortschritt war, da viele Menschen durch bakterienverseuchte Milch erkrankten. Heutzutage glauben viele Leute, dass durch Pasteurisierung nicht nur Keime, sondern auch wichtige Vitamine zerstört werden. Sie bevorzugen daher Rohmilch, die allerdings bestimmten Hygienevorschriften unterliegt. In Deutschland darf sie nur ab Hof verkauft werden. Halten Sie Roh- oder Vorzugsmilch stets kühl, und kaufen Sie sie bei einem Erzeuger Ihres Vertrauens, dann können Sie die Milch unbedenklich genießen.

Bio-Milch und Bio-Milchprodukte

Wichtigste Voraussetzung für die Produktion von Bio-Milch ist artgerechte Tierhaltung und Futter, das vom Hof stammt oder von anderen Bio-Höfen zugekauft wird. Die Tiere dürfen keine Antibiotika erhalten und sollten reichlich Auslauf haben. Die meisten Studien belegen, dass Produkte aus ökologischer Landwirtschaft hochwertige Nahrungsmittel sind.

Homogenisierung

Wenn man Milch stehen lässt, setzt sich der Rahm in einer dicken Schicht an der Oberfläche ab. Ist dieser Prozess erst einmal vollzogen, kann man ihn nicht mehr rückgängig machen. Das heißt, das gesamte Milchfett befindet sich in der Rahmschicht, der Rest ist Magermilch. Durch Homogenisierung werden die Fetttröpfchen in der Milch unter hohem Druck stark zerkleinert, damit die Milch nicht aufrahmt und das Fett gleichmäßig verteilt bleibt.

Sahne

Industriell hergestellte Sahne wird durch Zentrifugieren gewonnen. Dabei wird die fettreiche Sahne von der Milch getrennt, die verbleibende Magermilch enthält nur noch etwa 0,03 % Fett. Der gewünschte Fettgehalt des Endproduktes wird durch Rückmischung erzielt. Ein Produkt mit der Bezeichnung „Sahne“ muss mindestens 10 % Fett enthalten. Die unterschiedlichen Sahnesorten haben auch einen unterschiedlichen Fettgehalt (siehe Kasten rechts). Im Handel befindliche Sahne ist stets pasteurisiert und hält im Kühlschrank vier bis sechs Tage lang. Andere Wärmebehandlungen müssen auf der Verpackung gekennzeichnet werden. Ultrahocherhitzte Sahne hält ungekühlt bis zu sechs Wochen, sterilisierte bis zu einem Jahr. Für Schlagsahne eignet sich nur Sahne mit einem Fettgehalt von mindestens 30 %, sie sollte zudem gut gekühlt sein.

DIE GEBRÄUCHLICHSTEN SAHNESORTEN

- Kaffeesahne (mindestens 10 % Fett): Eignet sich, wie der Name schon sagt, für die Zugabe in Kaffee oder Tee, aber nicht zum Schlagen. Schmeckt auch mit Müsli lecker.
- Schlagsahne (mindestens 30 % Fett): Die klassische Sahne für Süßspeisen und cremige Saucen. Geschlagen wird sie zu Kuchen und Desserts gereicht oder für feine Füllungen verwendet.
- Schlagsahne extra (mindestens 36 % Fett): Wird in den meisten Konditoreien verwendet, da sie nach dem Aufschlagen länger stabil bleibt.
- Crème double (mindestens 30 % Fett): Ist löffelfest und wird zum Verfeinern von Suppen und Saucen verwendet.

KÄSE KAUFEN

Idealerweise sollte man Käse im Fachhandel kaufen. Dort kann man sich beraten lassen und die Ware probieren, bevor man sie erwirbt. Gut sortierte Supermärkte sind ebenfalls eine Option, doch hier müssen Sie sich auf Ihre Augen und Nase verlassen: In Frischhaltefolie abgepackter Hartkäse sollte keinesfalls Schimmel aufweisen. Wenn der Käse bereits »schwitzt« oder stark säuerlich riecht, sollte man die Finger davon lassen. Guter Käse duftet aromatisch. Blauschimmelkäse sollte eine einheitliche Färbung aufweisen und Weichkäse auf Fingerdruck leicht nachgeben.

Bakterienkulturen

Durch Zugabe von Milchsäurebakterien werden cremige, säuerliche Milchprodukte hergestellt. Zu den bekanntesten zählen Sauerrahm, Joghurt, Crème fraîche und Buttermilch. Auch Käse wird durch Reifungskulturen erzeugt, doch dabei werden Molke und Käsebruch getrennt. Dies geschieht bei der Säuerung durch Bakterien nicht, deshalb ist das Endprodukt stets cremig. Der Rohmilch oder Sahne werden bei einer bestimmten Temperatur Milchsäurebakterien zugesetzt, die sich von Milchzucker ernähren und so einen Teil des Milchzuckers in Milchsäure umwandeln. Dadurch fermentiert die Masse, wird dicklich und entwickelt ihren typisch säuerlichen Geschmack. Es gibt unterschiedliche Milchsäurebakterien, die für unterschiedliche Produkte eingesetzt werden.

Buttermilch

Ist die Flüssigkeit, die bei der Herstellung von Süßrahmbutter übrig bleibt und dann durch Zugabe von Milchsäurebakterien in handelsübliche Buttermilch umgewandelt wird. Sie zeichnet sich durch einen niedrigen Fettgehalt von maximal einem Prozent aus.

Joghurt

Enthält wie die meisten Milchprodukte Kalzium, Proteine, Vitamine und Mineralstoffe. Außerdem werden für die Herstellung von Joghurt probiotische (lebensfähige) Mikroben verwendet, die ihre Stoffwechselaktivität im Darmtrakt entfalten und somit immunstimulierende Effekte erzielen können. Greifen Sie möglichst zu Naturjoghurt ohne Zucker- und/oder Fruchtzusätze. Es schmeckt nicht nur besser, sondern ist auch gesünder als Fruchtjoghurt mit künstlichen Aromen.

Butter

Wurde früher gewonnen, indem man Milch zwei Tage lang stehen ließ. Danach wurde der Rahm, der sich inzwischen abgesetzt hatte, abgeschöpft. Er musste einige Zeit reifen und wurde schließlich von Hand zu Butter geschleudert. Heute besteht Butter nur noch aus pasteurisiertem Rahm. Sauerrahmbutter wird aus mikrobiell gesäuerter Milch, Sahne oder Molkensahne hergestellt. Mithilfe von spezifischen Milchsäurebakterien entstehen Aromastoffe, die der Sauerrahmbutter ihren typischen Geschmack verleihen. Süßrahmbutter kann aus Milch, Rahm oder Molkerahm gewonnen werden. Im Gegensatz zur Sauerrahmbutter wird sie ohne den Zusatz von Milchsäurebakterien hergestellt. Sie schmeckt sahnig und mild. Mildgesäuerte Butter ist Süßrahmbutter, in die nach der Reifung Milchsäurebakterienkulturen oder Milchsäure eingeknetet werden. Bei Salzbutter wird feines oder grobes Meersalz, manchmal auch Steinsalz, in unterschiedlicher Konzentration zugesetzt.

In der Europäischen Union muss Butter zu mindestens 82 % aus Milchfett bestehen und darf nicht mehr als 16 % Wasser enthalten. In der Regel wird Butter in 250-g-Packungen verkauft. Lagern Sie Butter stets luftdicht verpackt und kühl, sie ist sehr geruchsempfindlich.

Käse

Gibt es in allen erdenklichen Formen und Größen aus Kuh-, Schaf-, Büffel- oder Ziegenmilch. Die Bezeichnung Käse ist nur der Überbegriff für eine große Familie, die entsprechend der Konsistenz in vier Gruppen eingeteilt wird: Frisch- und Weichkäse, halbfester Schnittkäse, Schnittkäse sowie Hartkäse. Der jeweilige Trockenmassegehalt bestimmt die Konsistenz.

Für die Käseherstellung werden Milchsäurebakterien oder Lab zugesetzt. Säure oder Lab bewirkt, dass das Milcheiweiß gerinnt und Molke abgeschieden wird. Dann wird der von der Molke befreite Käsebruch in die gewünschte Form gepresst, in ein Salzbad gelegt und danach in speziellen Räumen dem Reifungsprozess ausgesetzt. Je nach Sorte reifen Käse tage-, wochen- oder monatelang. Frischkäse sind ungereifte Käse, sie schmecken säuerlich-mild und sind für den sofortigen Verzehr gedacht.

Bei Weichkäse werden zwei Sorten unterschieden: Weichkäse mit weißer Schimmelbildung (Camembert, Brie) und Weichkäse mit Rotschmiere (Romadur, Limburger). Bekannte halbfeste Schnittkäse sind Butterkäse und Edelpilzkäse. Zu den Schnittkäsesorten zählen unter anderem Gouda, Edamer und Tilsiter. Berühmte Hartkäse sind Emmentaler und Greyerzer, der beliebte Parmesan ist ein Extrahartkäse. Lagern Sie Käse am besten in Wachspapier im Kühlschrank. Hartkäse ist länger haltbar als Weichkäse oder halbfester Schnittkäse. Alle Käsesorten mindestens 30 Minuten vor dem Verzehr aus dem Kühlschrank nehmen, damit sie ihr Aroma entfalten können.

WELCHER KÄSE EIGNET SICH FÜR WOFÜR?

- Frischkäse (Ricotta, Hüttenkäse, Doppelrahmfrischkäse, Speisequark): Kann mit vielen Zutaten gemischt werden, eignet sich für die Füllung von Pasta und Teigen sowie die Herstellung von Käsekuchen; passt zu frischen Früchten.
- Weichkäse (Brie, Camembert): Schmeckt herrlich mit frischem Weißbrot oder in einer Omelettfüllung.
- halbfester Schnittkäse (Butterkäse, Fontina, Roquefort, Gorgonzola): Mit Butterkäse lassen sich tolle Sandwiches zubereiten, mit Fontina kann man wunderbar Gemüse überbacken oder sämige Saucen zaubern. Roquefort oder Gorgonzola schmeckt über Salaten und in Dressings.
- Schnitt- und Hartkäse (Gouda, Edamer, Tilsiter, Greyerzer, Parmesan): Kann vielseitig eingesetzt werden; eignet sich für Quiches, Gratins, Nudelgerichte und Omelettes.

ZUM AUSPROBIEREN ZU HAUSE

Selbst gemachter Ricotta

Flaumiger, frisch gemachter Ricotta ist so gut, dass man ihn am liebsten löffelweise essen würde. Frischen Ricotta habe ich zum ersten Mal auf einer Farm in Sonoma County in Kalifornien probiert. Der Käser Liam Callahan hatte den Käsebruch gerade in Formen gepresst und erhitzte einen riesigen Bottich mit übrig gebliebener Molke, um Ricotta herzustellen. Er fügte ein wenig Sahne, Salz und Essig hinzu. Rasch bildete sich die zarte Ricottamasse, die Liam mit einem großen Sieb abschöpfte. Er reichte mir die noch warme Köstlichkeit.

Ich stelle Ricotta aus Vollmilch und Sahne her, er hat eine ähnliche Konsistenz wie Ricotta aus Molke. Ihre Familie wird begeistert beobachten, wie sich der Käsebruch im Topf bildet, und den fertigen Frischkäse ebenso begeistert verspeisen.

Rezepte mit Ricotta

Der Frischkäse eignet sich nicht nur zum Füllen von Lasagne und Ravioli; mit Ricotta kann man auch leckere Vorspeisen und Desserts zaubern.

Überbackener Ricotta mit Kräutertomaten

Diese leichte Vorspeise schmeckt Kindern und Erwachsenen.

Backofengrill vorheizen. 400 g vollreife Kirschtomaten halbieren und in 2 Esslöffeln kalt gepresstem Olivenöl kurz anbraten. ½ Teelöffel gehackten Knoblauch, 1 Teelöffel frisch gehackten Oregano, Meersalz und Pfeffer aus der Mühle einrühren. Tomaten in eine flache Backform geben und 250 g Ricotta darauf verteilen. Mit Olivenöl beträufeln und unter dem Grill 2–3 Minuten lang goldbraun überbacken.

Für 4–6 Personen

Ricotta mit Honig und Erdbeeren

Bei diesem schnellen Dessert entwickelt jede Zutat ihren vollen Geschmack.

500 g Ricotta in eine kleine Schüssel pressen und dann auf einen Teller stürzen. 3 Esslöffel Blütenhonig darüberträufeln. 200 g Erdbeeren in Scheiben um den Ricotta herum arrangieren. Zusätzlichen Honig am Tisch reichen.

Für 4–6 Personen

Das benötigen Sie

- **4 l Bio-Vollmilch**
- **500 g Sahne**
- **großen Topf mit schwerem Boden**
- **Teigschaber aus Silikon**
- **Kochthermometer**
- **90 ml destillierten Bio-Weißweinessig plus 2 EL extra**
- **1 TL grobes Meersalz**
- **Sieb**
- **Musselin (Seihtuch)**
- **große Schüssel**
- **Schaumlöffel**
- **Glasbehälter zum Abfüllen**

1 Sahnemilch erhitzen

Milch und Sahne im Topf bis knapp unter den Siedepunkt bringen, dabei mehrmals mit dem Teigschaber umrühren. Sobald die Flüssigkeit dampft und das Thermometer etwa 85 °C anzeigt, den Topf vom Herd nehmen.

2 Bruch herstellen

Essig zufügen und 30 Sekunden rühren. Es sollte sich unmittelbar Bruch bilden. Salz zugeben und nochmals 30 Sekunden rühren. Topf mit einem Tuch abdecken und den Bruch 2 Stunden bei Raumtemperatur ruhen lassen.

3 Käse abseihen

Das Sieb mit einem großen Stück Musselin auslegen. In die Schüssel stellen. Den Bruch behutsam mit dem Schaumlöffel abschöpfen und in das Sieb geben. Den Ricotta etwa 30 Minuten abtropfen lassen.

4 Käse auspressen

Musselin an den Enden fassen, zusammendrücken und den Käse kräftig auspressen. Sobald die austretende Flüssigkeit milchig wird, ist der Frischkäse ausreichend ausgepresst.

5 Käse lagern

Den Ricotta in einen luftdicht verschließbaren Behälter aus Glas füllen und kühl stellen. Ganz frisch schmeckt er am besten, im Kühlschrank hält er sich jedoch eine Woche lang.

Mit frischem Ricotta kann man eine leichte, leckere Lasagne herstellen. Zwischen den dünnen Teigschichten befinden sich außerdem noch zart schmelzender Mozzarella und Parmesan. Den Nudelteig können Sie selbst herstellen (siehe Seite 228) oder gute Lasagneblätter verwenden, die man nicht vorkochen muss.

Lasagne mit dreierlei Käse

kalt gepresstes Olivenöl für die Form und zum Beträufeln

1 kg Ricotta, selbst gemacht (siehe Seite 52) oder gekauft

60 g Parmesan, gerieben

500 g Mozzarella, gewürfelt

2 Knoblauchzehen, gehackt

1 EL frisch gehackte Petersilie

grobes Meersalz und frisch gemahlener Pfeffer

2 große Eier, verquirlt

750 ml Tomaten-Basilikum-Sauce (siehe Seite 235) oder Fertigprodukt

250 g frische Nudelblätter, selbst gemacht (siehe Seite 228) oder gekauft

Für 8 Personen

Ofen auf 190 °C vorheizen. Eine Auflaufform dünn mit Olivenöl ausstreichen.

Ricotta, Parmesan und 375 g Mozzarella in einer großen Schüssel gründlich vermengen. Knoblauch, Petersilie, 1 Teelöffel Meersalz und etwas Pfeffer untermischen. Nach Geschmack nachwürzen. Die Eier zugeben und die Masse gut verrühren.

125 ml Tomatensauce auf dem Boden der Form verteilen. Mit Nudelblättern bedecken. Ein Drittel der Käsemasse gleichmäßig darauf verteilen, eine Lage Nudelblätter darüberschichten und mit 180 ml Tomatensauce bedecken. Diesen Vorgang wiederholen, bis Käsemasse, Tomatensauce und Nudelblätter aufgebraucht sind. Mit Tomatensauce abschließen. Den restlichen Mozzarella darüberstreuen. Mit etwas Olivenöl beträufeln. (Sollten Sie einmal wenig Zeit haben, können Sie die Lasagne mit Frischhaltefolie bedeckt bis zu zwei Tage lang im Kühlschrank aufbewahren und erst dann backen.)

Die Lasagne im Ofen 40–45 Minuten lang goldbraun backen. Vor dem Servieren 10 Minuten ruhen lassen.

Im Winter stürzen wir uns nach einem Tag auf den Skiern mit Heißhunger auf dieses herzhafte Fondue. Stellen Sie den Topf, in dem Sie den Käse geschmolzen haben, auf den Rechaud, wenn Sie keinen Fonduetopf besitzen. Reichen Sie neben Weißbrot auch Apfelscheiben, Trauben und Schinkenwürfel. Auch wenn sich der Alkohol beim Erhitzen verflüchtigt, sollte man vorsichtig sein, wenn Kinder mitessen.

Käsefondue

Knoblauchzehe halbieren und einen Topf mit schwerem Boden oder einen Fonduetopf damit ausreiben. Den Wein darin erhitzen und fünf Minuten lang köcheln lassen.

Nach und nach den geriebenen Käse einrühren und bei milder Hitze vollständig schmelzen lassen. Dabei ständig mit einem Holzlöffel rühren. Speisestärke mit Kirsch glattrühren und das Fondue damit binden. Nochmals kurz aufkochen lassen.

Mit Meersalz und Pfeffer würzen. Den Topf auf den Tisch stellen. Baguettestücke und Fonduegabeln bereit halten. Die Brotstücke in den heißen Käse tauchen, kurz abtropfen lassen und genießen. Wenn das Fondue auf dem Rechaud zu dickflüssig wird, nochmals kurz auf dem Herd erhitzen.

1 Knoblauchzehe

500 ml trockener Weißwein

500 g Greyerzer oder Emmentaler, gerieben

250 g Raclettekäse oder Parmesan, gerieben

1 EL Speisestärke

2 EL Kirschwasser

grobes Meersalz und schwarzer Pfeffer aus der Mühle

1 Baguette, in mundgerechte Stücke geschnitten

Für 4–6 Personen

Brokkoli mögen eigentlich alle Kinder, selbst wenn sie sonst keine Gemüsefans sind. Ich persönlich mag ihn gedünstet, mit etwas Butter und einem Spritzer Zitronensaft. Manchmal darf es aber etwas Besonderes sein, und dieses Gratin ist etwas ganz Besonderes. Außerdem kann man damit wunderbar Käsereste verwerten.

Brokkoligratin

2 EL Butter plus Butter für die Form

40 g Mehl Type 405

750 ml Milch

50 g Zwiebeln, in dünne Ringe geschnitten

½ Lorbeerblatt

1 Prise Muskatnuss

grobes Meersalz und schwarzer Pfeffer aus der Mühle

750 g Brokkoli

30 g Parmesan, frisch gerieben

60 g Semmelbrösel

2 EL Olivenöl

je 60 g Gouda und Greyerzer, gerieben

60 g Sahne

Für 4–6 Personen

Butter in einem Topf erhitzen und das Mehl darin etwa eine Minute lang anschwitzen. Die Milch portionsweise (jeweils 250 ml) mit einem Schneebesen einrühren. Unter Rühren zum Kochen bringen. Zwiebeln, Lorbeerblatt sowie Muskatnuss untermischen. Mit Meersalz und Pfeffer würzen. Die Sauce bei mittlerer Hitze etwa zehn Minuten lang köcheln lassen, dabei häufig umrühren. Durch ein feines Sieb in einen großen Topf abseihen und warm halten.

Ofen auf 190 °C vorheizen. Eine Gratinform dünn mit Butter ausstreichen. Einen großen Topf zu drei Vierteln mit Wasser füllen und dieses zum Kochen bringen. Brokkoli putzen, waschen und in Röschen teilen. Stängel schälen und grob hacken. Brokkoli zusammen mit drei Esslöffeln Meersalz ins kochende Wasser geben und zwei Minuten lang garen. Abgießen und gut abtropfen lassen.

Parmesan, Semmelbrösel und Olivenöl in einer kleinen Schüssel vermengen. Mit Meersalz und Pfeffer würzen. Den geriebenen Gouda und Greyerzer unter die heiße Sauce rühren und darin schmelzen. Brokkoli und Sahne untermischen. Alles vorsichtig in die Gratinform füllen. Die Parmesanmischung gleichmäßig darauf verteilen. Das Gratin im Ofen etwa 30 Minuten lang goldbraun backen.

Als ich mit meinem Mann in Italien war, haben wir erfahren, dass es bei Panini auf das Weißbrot ankommt: Es darf weder zu dick noch zu dünn sein, sollte außen knusprig und innen noch weich sein. Nehmen Sie am besten frisches Weißbrot, schneiden Sie es in Scheiben und lassen Sie sich von den Kindern dabei helfen, das Brot mit Butter zu bestreichen und zu belegen.

Panini mit Schinken, Käse & Tomaten

Einen Sandwich-Toaster nach Bedienungsanleitung vorheizen oder eine Grillpfanne mit gerilltem Boden erhitzen. Weißbrotscheiben nebeneinander auslegen und beidseitig mit Butter bestreichen. 4 Brotscheiben jeweils mit 2 Käsescheiben und 2 Tomatenscheiben belegen. Salzen, pfeffern und nochmals 2 Käsescheiben und 1–2 Scheiben Schinken darauflegen. Mit 2 Käsescheiben abschließen. Mit den restlichen Brotscheiben zu vier Panini zusammensetzen.

Je nach Größe des Sandwich-Toasters ein bis zwei Panini hineingeben und den Deckel schließen. Etwa fünf Minuten toasten, bis der Käse geschmolzen ist. Bei Verwendung einer Grillpfanne die Panini mit einem Schneidbrett beschweren, nach fünf Minuten wenden und auf der anderen Seite ebenfalls fünf Minuten grillen. Die Panini halbieren und sofort servieren.

8 Scheiben frisches Weißbrot, jeweils etwa 12 mm dick

3 EL zimmerwarme Butter

24 dünne Scheiben Greyerzer oder Fontina

1 große, vollreife Tomate, in 8 dünne Scheiben geschnitten

grobes Meersalz und schwarzer Pfeffer aus der Mühle

4–8 dünne Scheiben gekochter Schinken

Für 4 Personen

Varianten

Panini lassen sich beliebig belegen, zum Beispiel mit Salami und Camembert, gegartem Steak und Provolone oder mit Mozzarella, Tomaten und Pesto. Wenn Sie es gerne herzhaft mögen, können Sie die Brotscheiben zusätzlich mit Senf oder Olivenpaste bestreichen oder frische Tomaten durch getrocknete ersetzen.

Dieses Dessert sieht toll aus, ist gesund und schmeckt köstlich. Verwenden Sie Ihre Lieblingsfrüchte oder Sommerbeeren. Meine Kinder und die unserer Freunde lieben die Variante mit Kirschen, Mandeln und Schokoflocken. Sie können das Müsli auch weglassen und stattdessen mehr Früchte und Joghurt nehmen.

Joghurt mit Beeren & Nüssen

250 g Müsli

60 g Mandelblättchen oder Pekannüsse, trocken geröstet und grob gehackt

500 g Natur- oder Vanillejoghurt, selbst gemacht (siehe Seite 64) oder gekauft

300–400 g gemischte Beeren oder frische Früchte, in mundgerechte Stücke geschnitten

Für 4–6 Personen

Vier bis sechs Dessertgläser bereithalten. Müsli und Mandelblättchen oder Pekannüsse in einer kleinen Schüssel vermengen. 50 g abnehmen und beiseite stellen.

Die Hälfte der Müslimischung auf die Gläser verteilen. Joghurt glattrühren und die Hälfte davon über die Müslimischung in den Gläsern geben. Die Hälfte der Früchte darüberschichten. Den Vorgang wiederholen, mit Früchten abschließen. Das Dessert mit der restlichen Müslimischung bestreuen. Für 20 Minuten kühl stellen, dann servieren.

Wir lieben Eiscreme, vor allem Vanilleeiscreme. Egal, wie viele Sorten meine Töchter am Eisstand ausprobieren, Vanille ist immer dabei. Einmal haben wir im Sommer die 93-jährige Urgroßmutter der Kinder in New York City besucht. Wir hatten Lust auf Eiscreme, und zwar auf richtig gute Eiscreme. Also gingen wir eine Stunde bis zum Il Laboratorio del Gelato an der Lower East Side. Unterwegs wurden die Mädchen müde und wollten nach der Hälfte des Weges umkehren. Ich versprach ihnen, sie würden die beste Eiscreme ihres Lebens bekommen, wenn sie weitergingen. Als wir endlich bei der Eisdiele ankamen, nahmen die Kinder zunächst Kostproben von mehreren Sorten und entschieden sich schließlich für Vanille. Das hat mich nicht überrascht. Meine Jüngste behauptete, dies sei das beste Vanilleeis der Welt und der lange Weg habe sich wirklich gelohnt.

Als wir wieder zu Hause waren, machte ich Vanilleeis. Meine Jüngste probierte es und sagte dann ganz ernsthaft: »Mama, ich habe mich in New York getäuscht. Das beste Vanilleeis der Welt machst du.« Ich habe sie sofort fest umarmt und sie wissen lassen, dass sie mich glücklich gemacht hat.

Vanilleeis ist unglaublich vielseitig, man kann es mit Schokoladensauce, frischen Früchten und Nüssen genießen oder mit anderen Aromen kombinieren. Pur schmeckt es herrlich zu ofenfrischem Kuchen.

Als ich mich endlich dazu entschließen konnte, eine Eismaschine anzuschaffen, hat das unser Leben verändert. Jetzt können wir morgens Obst von unseren Bäumen ernten und es im Laufe des Tages zu Fruchteis verarbeiten lassen. Für die Kinder ist die Eismaschine eine echte Inspirationsquelle: Sie laden nachmittags Freunde ein und kreieren mit ihnen die ausgefallensten Eissorten.

Das beste Vanilleeis

Milch, Sahne und 60 g Zucker in einem Topf mit schwerem Boden verrühren. Die Vanilleschoten längs aufschlitzen, das Mark herauskratzen und in die Sahnemilch geben. Die Schoten ebenfalls hinzufügen. Die Sahnemilch unter Rühren bis knapp unter den Siedepunkt erhitzen. Vom Herd nehmen und 20 Minuten durchziehen lassen.

Inzwischen Eigelbe, den restlichen Zucker und Salz in einer großen Schüssel schaumig schlagen. So lange rühren, bis die Masse sehr voluminös ist.

Vanilleschoten entfernen, Sahnemischung erneut bis knapp unter den Siedepunkt erhitzen. Sahnemilch unter ständigem Rühren mit einem Schneebesen unter die Eigelbe mischen. Alles zurück in den Topf geben und etwa drei Minuten lang simmern lassen. Dabei häufig mit einem Holzlöffel umrühren, bis die Masse am Löffelrücken haften bleibt. Mit einem Finger am Löffelrücken entlangfahren. Wenn sich die Lücke nicht sofort wieder schließt, ist die Eiercreme fertig. Durch ein feines Sieb in einen Behälter abseihen, auf Raumtemperatur abkühlen lassen und über Nacht kühl stellen.

In eine Eismaschine füllen und nach Bedienungsanleitung gefrieren lassen. In einen luftdicht verschließbaren Behälter umfüllen und im Tiefkühlschrank nochmals sechs Stunden gefrieren lassen. Etwa 15 Minuten vor dem Servieren herausnehmen.

375 ml Milch

625 g Sahne

190 g Zucker

2 Vanilleschoten

8 große, frische Eigelb

1 Prise Salz

Ergibt 1,5 l

Eier haben etwas Magisches. Man kann sie in federleichte Baisermasse, luftige Torten, köstliche Pfannkuchen oder cremiges Rührei verwandeln.

Eier

Eier haben eine größere Bedeutung, als man gemeinhin annimmt: Sowohl für Christen als auch für Heiden waren Eier seit jeher ein Symbol für Fruchtbarkeit und Wiedergeburt. Sie sind zwar zerbrechlich, dafür hat die Natur sie praktischerweise in kleinen Portionen verpackt. Sie liefern uns wertvolle Inhaltstoffe – Fett, Proteine, Vitamine und Mineralien –, die wir für unseren Energiehaushalt benötigen. Eier sind die Basis für unzählige herzhafte und süße Speisen, sei es eine Frittata oder Quiche, ein Engelskuchen, der auf der Zunge zergeht, oder ein luftiges Omelett. Die meisten Lieblingsgerichte meiner Familie wären ohne Eier nicht denkbar: Eiscreme, Eiersalat, Kuchen und Torten, um nur einige zu nennen. Eier sind ein wunderbares Geschenk der Natur.

Wir halten Legehennen unterschiedlicher Rassen, unser Hühnerstall ist von einer bunten Truppe bevölkert, die uns jeden Tag frische Eier in verschiedenen Farben schenkt.

Was war zuerst da?

Obwohl wir eigene Hühner haben, haben wir nie herausgefunden, welche Hennen braune und welche weiße Eier legen. Doch das ist letztlich nicht wichtig, die Eier sehen so hübsch aus, wenn sie bunt gemischt in der Schachtel liegen. Unabhängig von der Farbe enthalten alle Eier die gleichen Nährstoffe, außer die Hühner bekommen ein spezielles Futter.

Die Anatomie eines Eis

Ein Ei setzt sich aus fünf Teilen zusammen: Schale, Oberhäutchen, Hagelschnur, Eidotter und Eiklar. Die luftdurchlässige Schale besteht aus Kalk, und ihre ovale Form zählt zu den stabilsten Konstruktionen der Natur. Wenn die Schale von allen Seiten dem gleichen Druck ausgesetzt wird, bricht sie nicht. Deshalb bleibt das Ei ganz, wenn sich die Henne darauf niederlässt. Das Oberhäutchen schützt das Innere des Eis vor Bakterien und regelt den Feuchtigkeitshaushalt.

Eigelb und Eiweiß, die Bestandteile des Eis, die wir beim Kochen verwenden, sind erstaunlich robust. Man muss in ein Eigelb ziemlich fest hineinstechen, damit es zerfließt, und relativ viel Energie aufbringen, um Eiweiß steif zu schlagen. Im Eigelb stecken die meisten Vitamine und Mineralstoffe, sämtliches Fett und einige Proteine. Wenn man ein Eigelb genau betrachtet, sieht man eine kleine weiße Scheibe. In dieser so genannten Keimscheibe ist das Genmaterial der Henne enthalten. Manchmal weist sie einen kleinen Blutfleck auf, der aber die Qualität des Eis nicht beeinträchtigt und mit einer Messerspitze leicht entfernt werden kann.

Das Eiweiß liegt wie ein schützender Mantel rund um das Eigelb. Eiweiß steckt voller Proteine, deshalb ist es sehr gesund und lässt sich gut aufschlagen. Die beiden milchigen Stränge sind die Hagelschnüre. Sie sorgen dafür, dass das Eigelb sicher in der Mitte des Eiweißes verankert bleibt.

Die Hagelschnüre sind essbar, Sie können sie jedoch auch entfernen.

Eier kaufen und lagern

Wir sind in der glücklichen Lage, jeden Tag frische Eier zu haben. Wenn wir einmal mehr Eier brauchen, kaufen wir sie auf dem Bauernhof oder Wochenmarkt. Beim Eierkauf im Handel sollten Sie auf den Kennzeichnungscode achten, er ist EU-weit einheitlich. Die erste Ziffer kennzeichnet die Art der Tierhaltung: Die Nummern 0 bis 3 geben an, ob das Ei aus Öko-(0), Freiland-(1), Boden-(2) oder Käfighaltung (3) stammt. Die Käfighaltung ist seit 2009 verboten, es gibt allerdings eine Übergangsfrist für bestehende Betriebe. Der folgende Buchstabencode steht für das Herkunftsland: DE für Deutschland, AT für Österreich usw. Die mehrstellige Nummer dient zur Identifizierung des Betriebes, somit kann das Ei bis in den Stall zurückverfolgt werden.

Lagern Sie Eier stets in dem Karton, in dem Sie sie gekauft haben, im Kühlschrank. Die Eierfächer aus Plastik in der Kühlschranktür liefern keine ausreichende Kälte. Der Karton sorgt auch dafür, dass die Eier weder extremen Temperaturschwankungen noch Feuchtigkeitsverlust ausgesetzt werden. Manche Leute bewahren Eier bei kühler Raumtemperatur auf. Dagegen ist nichts einzuwenden, sofern die Eier innerhalb von ein bis zwei Tagen aufgebraucht werden. Im Kühlschrank halten sich Eier bis zu zwei Wochen, danach sollten sie nur erhitzt, also zum Kochen und Backen verwendet werden. Für Mayonnaise, Tiramisu etc. eignen sich nur garantiert frische Eier. Hart gekochte Eier sind bis zu eine Woche lang genießbar.

GÜTE- UND GEWICHTSKLASSEN

Die meisten im Handel erhältlichen Eier tragen die Bezeichnung Güteklasse A, was gleichbedeutend mit frisch ist. Eier der Güteklasse B, so genannte Eier zweiter Qualität, sind für die Verarbeitung in der Nahrungsmittelindustrie bestimmt

Eier werden in Gewichtsklassen eingeteilt. Die kleinsten, Größe S, wiegen maximal 53 Gramm. Mittlere Eier, Klasse M, liegen zwischen 53 und 63 Gramm; große Eier, Klasse L, wiegen 63 bis 72 Gramm. Alle Eier, die schwerer als 73 Gramm sind, zählen zur XL-Klasse. Die Größe der Eier hängt neben der Hühnerrasse auch vom Alter der Hennen ab: Junge Hennen legen kleinere Eier als ältere. Freilaufende Hennen produzieren im Winter kleinere Eier als im Sommer.

Die richtige Technik

In der Küche werden Eier roh, weich oder hart gekocht verarbeitet. Dank seiner Ausdehnungswilligkeit ist geschlagenes Eiweiß bei Hitze ein ideales Lockerungsmittel. Die Proteine im Eigelb binden Massen und dicken sie ein, als Bindemittel sollte Eigelb aber nicht über 80 °C erhitzt werden, sonst gerinnt es. Bei der Verarbeitung von Eiern sollten Sie einige Grundregeln beachten, damit auch wirklich alles gut gelingt.

Eier trennen

Kalte Eier lassen sich leichter trennen als zimmerwarme. Die Kälte bewirkt, dass Eigelb und Eiweiß kompakt bleiben und sich somit leichter trennen lassen.

Zwei Schüsseln bereithalten. Das Ei an seiner breitesten Stelle gegen einen Schüsselrand schlagen. Austretendes Eiweiß in eine Schüssel fließen lassen. Die Schalenhälften senkrecht halten und das Eigelb von einer Hälfte in die andere gleiten lassen, dabei das Eiweiß in die Schüssel fließen lassen. Sobald kein Eiweiß mehr am Eigelb haftet, dieses in die zweite Schüssel geben.

Eiweiß steif schlagen

Das Eiweiß sollte gut gekühlt sein und keinerlei Spuren von Eigelb aufweisen. Rührschüssel, Schneebesen oder Rührhaken müssen absolut sauber und fettfrei sein, sonst wird der Schnee nicht richtig steif. Küchenmaschine oder Handrührgerät zunächst auf niedrigster Stufe einschalten, erst wenn das Eiweiß Volumen entwickelt, auf mittlere Stufe gehen. Wenn Zucker beim Schlagen hinzugefügt wird, zuerst nur eine kleine Menge zugeben, den restlichen Zucker beim Schlagen nach und nach einrieseln lassen. Den Schnee so lange schlagen, bis er Spitzen zieht und der Zucker vollständig aufgelöst ist.

Eischnee wird besser steif, wenn Sie Weinstein oder Zitronensaft zugeben. Dies erübrigt sich allerdings, wenn Sie das Eiweiß in einer Kupferschüssel steif schlagen. Die Proteine im Eiweiß verbinden sich mit den Kupferionen und sorgen für den gleichen stabilisierenden Effekt wie Weinstein oder Säure. In einem Kupfergefäß entwickelt Eischnee sein maximales Volumen, das bis zum achtfachen Volumen des ursprünglichen Eiweißes reichen kann.

Wenn sich beim Herausziehen des Schneebesens oder der Rührhaken Spitzen bilden, ist der Schnee perfekt. Bei zu langem Schlagen kann das Eiweiß körnig werden. Fügen Sie dann pro drei Eiweiß ein zusätzliches hinzu, und schlagen Sie den Schnee nochmals. Eischnee sollte möglichst rasch verwendet werden. Eine Ausnahme bildet Baisermasse, die etwas haltbarer ist.

Eigelb schlagen

Eigelb besteht zu 34 % aus Fett, daher entwickelt es beim Schlagen nicht so viel Volumen wie Eiweiß. Damit es überhaupt Volumen produziert, müssen die Proteine im Eigelb erhitzt werden. Deshalb werden etwa Sauce hollandaise oder Zabaglione über dem warmen Wasserbad geschlagen.

In Backrezepten werden Eigelbe oft mit Zucker schaumig geschlagen. Dabei sorgen die sich auflösenden Zuckerkristalle und die Sauerstoffzufuhr durch das Schlagen dafür, dass eine voluminöse Masse entsteht. Nie mit dem Schlagen aufhören, bevor die Masse fast weiß ist, sonst geht der Kuchen beim Backen nicht richtig auf.

Beim Schlagen von Eigelb gilt die gleiche Regel wie bei Eischnee: Stets mit der niedrigsten Stufe der Küchenmaschine oder des Handrührgeräts beginnen und die Geschwindigkeit erst steigern, wenn das Eigelb ausreichend emulgiert ist. Zu schnell geschlagenes Eigelb kann gerinnen. Diesen Effekt kann man gut beobachten, wenn man Mayonnaise anrührt.

ZUM AUSPROBIEREN ZU HAUSE

Natürliche Eierfarbe

Um Eier zu färben, müssen Sie nicht bis Ostern warten. Unsere bunten Eier sind so schön, dass wir uns mit unseren Freunden und deren Kindern oft zum fröhlichen Eierfärben treffen. Dabei greifen wir auf keine handelsüblichen Farben zurück, sondern vertrauen den Kräften der Natur, um einen ganzen Regenbogen an Farben zu erhalten.

Man braucht allerdings etwas Geduld, bis Naturfarben den gleichen Effekt wie künstliche zeigen. Am besten legen Sie die Eier in die Farbe und beschäftigen sich dann mit etwas anderem, bis die Eier die Farbe gut angenommen haben. Als wir zum ersten Mal Eier färbten, standen meine Töchter ständig vor den Schüsseln und drehten die Eier in der Farbe. Am Schluss waren ihre Hände so bunt wie die Eier.

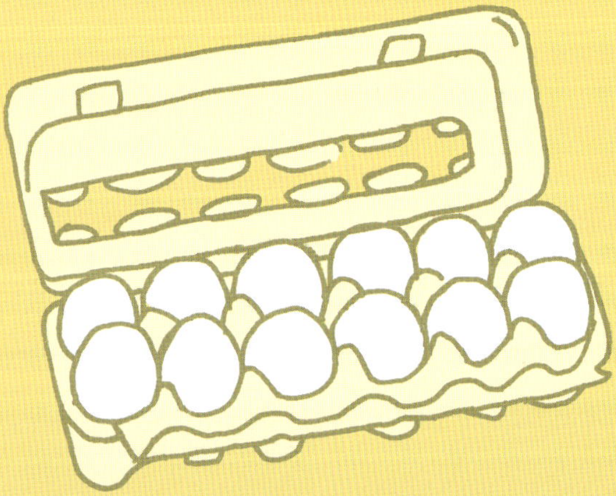

Regenbogenfarben

Das benötigen Sie, um eine bunte Farbpalette herzustellen:

Himmelblau

- 200 g grob gehackten Rotkohl
- 2 TL weißen Essig

lebhaftes Pink

- 2 große Rote-Bete-Knollen, geschält und geraspelt
- 2 TL weißen Essig

tropisches Orange

- 30 g Zwiebelschalen
- 2 TL weißen Essig

sattes Gelb

- 1 EL gemahlene Kurkuma
- 1 kräftige Prise Safranfäden
- 1 TL weißen Essig

Die jeweiligen Zutaten für die oben genannten Farben zusammen mit 1 Liter Wasser zum Kochen bringen. Bei mittlerer Hitze 20 Minuten köcheln lassen. Durch ein feines Sieb in eine Schüssel abseihen und abkühlen lassen. Je nach eingekochter Menge mit kaltem Wasser auf 750 Milliliter auffüllen.

Dunkelviolett

- 250 ml rotes Traubensaftkonzentrat
- 1 TL weißen Essig

Traubensaftkonzentrat, Essig und 750 Milliliter Wasser in einer Schüssel verrühren.

Das benötigen Sie

- **24 große, weiße Freiland-Eier**
- **einen großen Topf**
- **2 EL weißen Essig**
- **Naturfarben (siehe Seite 79)**
- **so viele Behälter wie Farben**
- **Zeitungspapier**
- **alte Kleidung, die verschmutzen darf**
- **3 leere Eierkartons**
- **Schaumlöffel**
- **kleine weiße Geburtstagskerzen, bunte Wachsmalstifte**

1 Eier hart kochen

4 Liter kaltes Wasser zusammen mit dem Essig aufsetzen und aufkochen lassen. Eier vorsichtig ins Wasser gleiten lassen und 8–10 Minuten lang kochen. Vom Herd nehmen, 5 Minuten ruhen lassen, dann abgießen. 10 Minuten in kaltes Wasser legen.

2 Loslegen!

Die Farben herstellen (siehe Seite 79). Jede Farbe in ein eigenes Gefäß gießen. Darauf achten, dass jeder alte Kleidung trägt, die schmutzig werden darf. Eine Arbeitsfläche mit Zeitungspapier auslegen und die Gefäße mit den Farben daraufstellen. Leere Eierkartons in der Nähe bereithalten.

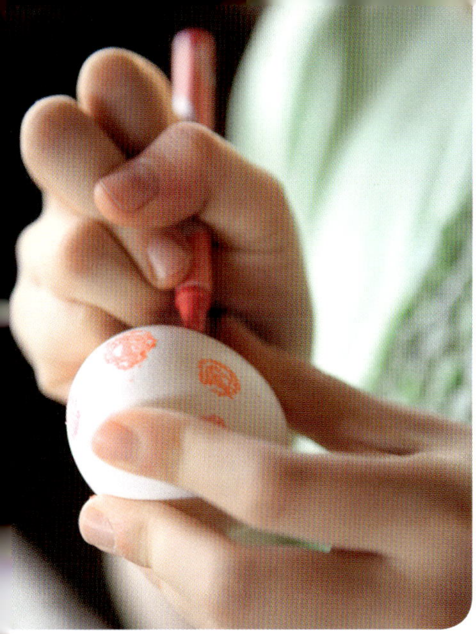

3 Eier markieren

Mithilfe der Kerzen die Eier überall dort markieren, wo keine Farbe sein soll. Einen Namen schreiben oder ein Zickzack-Muster ziehen, diese Stellen werden auch nach dem Färben weiß sein. Einen Wachsmalstift verwenden, wenn die Stellen bunt sein sollen.

4 Eier färben

Die Eier für 20–30 Minuten in die Farben legen, bis sie den gewünschten Farbton angenommen haben. Jeweils mit einem Schaumlöffel herausnehmen und in den Karton setzen. Die Eier vor dem Bemalen 1 Stunde trocknen lassen.

5 Bunt bemalen

Die Eier mit Wachsmalstiften fantasievoll bemalen oder einen Pinsel in eine kräftigere Farbe als die des Eis tauchen und die Eier mit hübschen Mustern versehen. Anstelle eines Pinsels kann man auch die Finger verwenden.

Meine ganze Familie isst gerne Sandwiches mit leckerem Eiersalat. Der Salat schmeckt besser, wenn er gut 30 Minuten lang durchzieht. Meist zerkleinern meine Kinder die harten Eier in einer Schüssel mit zwei Messern und vermischen alle Zutaten. Sie helfen mir auch beim Belegen der Sandwiches. Viele Kinder mögen den intensiven Geschmack von Estragon nicht, Sie können ihn auch weglassen.

Sandwiches mit Eiersalat

8 große, hart gekochte Eier, geschält

60 g Zitronenmayonnaise (siehe Seite 165) oder gekaufte Mayonnaise

1 EL Dijonsenf

1 EL frisch gehackter Estragon (optional)

1 EL Schnittlauchröllchen

2 TL frisch gehackter Dill

40 g Staudensellerie, fein gehackt

½ TL grobes Meersalz

schwarzer Pfeffer aus der Mühle

8 dünne Scheiben Weißbrot, eventuell getoastet

8 kleine Salatblätter

Ergibt 4 Sandwiches

Die Eier in Scheiben schneiden und in eine Schüssel geben. Darin mithilfe von zwei Messern klein hacken. Mayonnaise, Senf, Kräuter und Sellerie zufügen. Alles gut vermischen und mit Salz sowie Pfeffer würzen. Den Eiersalat etwa 30 Minuten durchziehen lassen.

Auf 4 Weißbrotscheiben jeweils ein Viertel des Salats geben. Jeweils 2 Salatblätter und 1 Brotscheibe darauflegen. Die Sandwiches leicht zusammendrücken, halbieren und servieren.

Varianten

Hier finden Sie weitere Rezeptideen für hart gekochte Eier:

Gefüllte Eier: Eier längs halbieren und die Eigelbe in eine Schüssel drücken. Jeweils die Hälfte der Salatzutaten zufügen und den schwarzen Pfeffer durch Cayennepfeffer ersetzen. Gut verrühren. Die Mischung mit einem Teelöffel in die Eier füllen. Mit Schnittlauchröllchen bestreuen.

Kartoffelsalat mit Eiern: Kartoffelsalat mit Essig-Öl-Vinaigrette herstellen. Zwei hart gekochte Eier durch ein Sieb in den Salat streichen und alles gut vermischen. Die Eier machen den Salat reichhaltiger.

Eierflocken: Hart gekochte Eier grob raspeln. Gebratenen Spargel damit bestreuen und mit Vinaigrette beträufeln.

Am Sonntagabend machte meine Mutter häufig ein Omelett und einen grünen Salat zum Abendessen. Diese Tradition setze ich in meiner Familie fort. In Frankreich werden Omeletts meist mit Gemüsen der Saison gefüllt, deshalb schmecken sie zu jeder Jahreszeit anders. Bei diesem Rezept verwende ich nur Kräuter, das ist einfach und köstlich. Den Brie können Sie durch den Lieblingskäse Ihrer Kinder ersetzen.

Kräuteromelett mit Brie

6 große Eier

1 EL Butter

1 TL frisch gehackter Estragon

1 TL frisch gehackter Kerbel

1 TL Schnittlauchröllchen

grobes Meersalz und schwarzer Pfeffer aus der Mühle

125 g vollreifer Brie, in Scheiben geschnitten

Für 4–6 Personen

Die Eier in einer großen Schüssel verquirlen. Sie sollten gut vermischt, aber nicht schaumig sein. Die Butter in einer Pfanne erhitzen. Sobald sie zu bräunen beginnt, die Eier hineingießen. Die Pfanne leicht schwenken, damit sich die Masse gleichmäßig verteilt. Die Kräuter darüberstreuen und stocken lassen. Dann rundherum mit einem Pfannenheber leicht anheben, damit die noch flüssige Eimasse nach unten laufen kann. Weiter garen, bis die Oberfläche fast fest ist.

Mit etwas Meersalz und Pfeffer bestreuen. Vom Herd nehmen und die Käsescheiben in die Mitte des Omeletts legen. Das Omelett in der Mitte zusammenklappen und auf einen Teller gleiten lassen. In vier bis sechs Stücke teilen und sofort servieren.

Varianten

Wenn Sie das Omelett komplett durchgegart lieber mögen, bereiten Sie es in einer feuerfesten Pfanne zu, und stellen Sie es nach der Zugabe der Kräuter für vier bis fünf Minuten in den auf 200 °C vorgeheizten Ofen. Dann herausnehmen, Käse darauflegen und in der Mitte zusammenklappen. Omeletts lassen sich vielfältig füllen. Zu meinen Favoriten zählen Omeletts mit gedünsteten Pilzen, mit Spinat und Speckwürfeln oder mit kurz in Wasser gegartem grünem Spargel und Ziegenfrischkäse.

Hier habe ich die klassische französische Version, Friseésalat mit Speck und pochierten Eiern, abgewandelt. Ich nehme zarten Kopfsalat und füge aromatische Kirschtomaten hinzu. Selbst die Kinder, die bei Salat normalerweise die Nase rümpfen, essen ihn gerne. Braten Sie den Speck nicht zu lange, er sollte noch weich und nicht zu knusprig sein.

Salat mit pochierten Eiern

1 EL Dijonsenf

½ Schalotte, fein gehackt

¼ TL Zucker

grobes Meersalz und schwarzer Pfeffer aus der Mühle

4 EL Weißweinessig

3 EL kalt gepresstes Olivenöl

6 dicke Scheiben Frühstücksspeck, grob gewürfelt

500 g Kirschtomaten

3 EL grob gehacktes Basilikum

125 g Kopfsalatblätter, in mundgerechte Stücke zerteilt

4–6 große Eier

Für 4–6 Personen

Senf, Schalotte, Zucker, ½ Teelöffel Meersalz, etwas Pfeffer sowie 2 Esslöffel Essig mit dem Schneebesen verrühren. Zehn Minuten durchziehen lassen, dann das Öl untermischen.

Eine Pfanne mittelstark erhitzen. Die Speckwürfel darin etwa fünf Minuten ausbraten. Mit einem Schaumlöffel herausnehmen und auf Küchenkrepp abtropfen lassen.

Reichlich Wasser zum Sieden bringen. Restlichen Essig und zwei Teelöffel Meersalz zufügen. Einen großen Teller mit drei Lagen Küchenkrepp belegen.

Kirschtomaten halbieren und in einer Schüssel mit Basilikum, Salatblättern und Speck vermengen. Mit zwei Esslöffeln Vinaigrette beträufeln, durchmischen und mit Salz sowie Pfeffer würzen. Restliche Vinaigrette untermengen und den Salat auf Teller verteilen.

Die Eier einzeln in einen Schöpflöffel schlagen und behutsam ins siedende Wasser gleiten lassen. Drei bis vier Minuten pochieren, dabei sollte das Wasser nur sieden, nicht kochen. Jeweils mit einem Schaumlöffel herausnehmen, auf dem Küchenkrepp gut abtropfen lassen und dann vorsichtig auf den Salat setzen. Die Eier mit Salz und Pfeffer bestreuen. Den Salat sofort servieren.

An den Wochenenden serviere ich gerne eine Frittata zum Frühstück. Sie ist leicht zuzubereiten, extrem vielseitig, jeder von uns mag sie und darf mitentscheiden, welche Zutaten hineinkommen. Bei diesem Rezept vereinen sich verschiedene Aromen, die süßen Tomaten bilden einen reizvollen Kontrast zum erdigen Spinat und zum mild-würzigen Feta. Lecker ist auch gedünsteter grüner Spargel und Parmesan.

Bunte Frittata

250 g frischer Blattspinat, gewaschen und von den groben Stielen befreit

6 große Eier

grobes Meersalz und schwarzer Pfeffer aus der Mühle

1 EL kalt gepresstes Olivenöl

400 g Kirschtomaten, halbiert

1 kleine Schalotte, fein gehackt

½ TL frisch gehackter Oregano

80 g Feta, zerkrümelt

Für 4–6 Personen

Den Ofen auf 200 °C vorheizen. Den Spinat tropfnass in eine mittelstark erhitzte Pfanne geben. Unter mehrmaligem Umrühren etwa drei Minuten zusammenfallen lassen. In ein Sieb füllen und die gesamte Flüssigkeit mit einem Löffelrücken herauspressen. Spinat fein hacken. Eier mit ½ Teelöffel Meersalz verquirlen.

Olivenöl in einer feuerfesten Pfanne erhitzen. Tomaten und Schalotte darin ein bis zwei Minuten anbraten. Oregano zufügen, mit Meersalz und Pfeffer würzen. Eier sowie Spinat zugeben, gut vermischen und glatt streichen. Den Feta gleichmäßig darüberstreuen.

Die Pfanne in den Ofen stellen und die Frittata etwa 15 Minuten lang backen. Herausnehmen, mit Pfeffer übermahlen und in der Pfanne servieren oder mit einem Pfannenheber vorsichtig lösen und auf einen großen, vorgewärmten Teller gleiten lassen.

Quiche schmeckt frisch aus dem Ofen genauso gut wie kalt. Wir packen sie oft in den Picknickkorb, sofern man sie nicht herunterfallen lässt, ist sie recht langlebig. Die Eiersahne bringt den zarten Lauchgeschmack erst richtig zur Geltung. Die Kinder können den Käse reiben und den Lauch putzen (siehe auch Seite 283).

Lauchquiche mit Schinken

1 EL Butter

300 g Lauch, gewaschen und in dünne Ringe geschnitten

grobes Meersalz und schwarzer Pfeffer aus der Mühle

180 g Räucherschinken, gewürfelt

3 große Eier

375 g Sahne

1 Prise frisch geriebene Muskatnuss

blind gebackener Mürbeteigboden (23 cm, siehe Seite 278)

30 g Greyerzer, fein gerieben

Ergibt 1 Quiche mit 23 cm Durchmesser

Butter in einer großen Pfanne erhitzen. Lauch darin etwa zwei Minuten lang bissfest garen. Mit Meersalz sowie Pfeffer würzen, auf ein Backblech geben und abkühlen lassen. In eine Schüssel füllen und die Schinkenwürfel untermengen.

Ofen auf 180 °C vorheizen. Eier mit Sahne, ½ Teelöffel Meersalz, etwas Pfeffer und Muskatnuss verquirlen. Die Lauchmischung gleichmäßig auf dem vorgebackenen Teigboden in der Form verteilen. Eiersahne darübergießen und mit einer Gabel locker mit dem Lauch vermengen. Mit Käse bestreuen.

Die Quiche im Ofen 40–45 Minuten goldbraun backen. Falls die Oberfläche nicht ausreichend gebräunt ist, die Quiche für ein bis zwei Minuten unter den Backofengrill schieben. Dabei darauf achten, dass sie nicht zu braun wird. Vor dem Servieren 20 Minuten auf einem Kuchengitter abkühlen lassen.

Varianten

Sie können Teigboden und Füllung auch auf zwei Kastenformen (33 x 10 cm) verteilen. Eine Quiche eignet sich sehr gut zur Resteverwertung, da sie mit vielen Gemüse- und Käsesorten zubereitet werden kann. Wir mögen ganz besonders blanchierten Blumenkohl mit Parmesan oder Artischockenherzen mit Ziegenkäse.

Dieser Pfannkuchen wird so unglaublich luftig, dass Sie Ihre Kinder beobachten lassen sollten, wie stark er im Ofen aufgeht. Auch ich bin jedes Mal von Neuem beeindruckt. Die säuerlichen Äpfel passen wunderbar zu dem feinen Teig.

Apfelpfannkuchen

2 säuerliche Äpfel

100 g Mehl Type 405

½ TL gemahlener Zimt

2 EL Kristallzucker

¼ TL grobes Meersalz

4 große Eier

250 ml Milch

1 Päckchen Bourbon-Vanillezucker

2 EL geschmolzene, abgekühlte Butter plus 4 Esslöffel

Puderzucker zum Bestäuben

Für 4–6 Personen

Ofen auf 220 °C vorheizen. Äpfel schälen, halbieren, vom Kerngehäuse befreien und jeweils in 16 Spalten schneiden. Mehl, Zimt, Zucker und Meersalz vermischen. Eier, Milch, Vanillezucker und geschmolzene Butter im Mixer verrühren. Mehlmischung zufügen und alles zu einem glatten Teig verrühren.

3 Esslöffel Butter in einer feuerfesten Pfanne erhitzen. Die Apfelspalten darin etwa fünf Minuten von allen Seiten anbraten. Restliche Butter zugeben. Sobald sie aufschäumt, den Teig in die Pfanne gießen und diese sofort in den Ofen stellen.

Den Pfannkuchen 15–20 Minuten goldbraun backen. Mit Puderzucker bestäuben und in der Pfanne servieren.

Variante

Äpfel durch Birnen und Bourbon-Vanillezucker durch einen Teelöffel Mandelaroma ersetzen. Pfannkuchen vor dem Backen mit zwei Esslöffeln Mandelblättchen bestreuen.

Ich weiß noch, wie ich als Kind ein riesiges Stück dieses Kuchens in der Hand hatte und die luftige Köstlichkeit verschlang. Lassen Sie die Kinder beim Eiweißschlagen zuschauen – sie werden begeistert sein, wie sich die trübe Flüssigkeit in große, weiße Wolken verwandelt.

Engelskuchen

Ofen auf 180 °C vorheizen. Eine Savarinform (Rundkuchenform, 25 cm) bereithalten.

Puderzucker und Mehl in eine Schüssel sieben. Eiweiße zusammen mit Weinstein und Meersalz mit dem Handrührgerät auf niedriger Stufe schaumig schlagen. Nach und nach den Zucker einrieseln lassen und die Schlaggeschwindigkeit erhöhen. So lange schlagen, bis der Schnee Spitzen zieht und der Zucker vollständig aufgelöst ist. Vanillezucker und Mandelaroma zufügen. Den Schnee nochmals 30 Sekunden lang schlagen.

In eine sehr große Schüssel füllen. Die Mehlmischung vorsichtig portionsweise mit einem Schneebesen einarbeiten, bis kein Mehl mehr sichtbar ist. Den Teig in die Form füllen und glatt streichen. Leicht gegen die Form klopfen, damit keine Luftkammern zurückbleiben.

Den Kuchen auf der unteren Einschubleiste des Ofens 40–45 Minuten backen, bis an einem in die Mitte gesteckten Holzstäbchen kein Teig mehr haften bleibt. Herausnehmen und fünf Minuten abkühlen lassen. Auf einem Kuchengitter vollständig auskühlen lassen. Mit einem dünnen Messer am Innenrand der Form entlangfahren. Den Kuchen vorsichtig stürzen.

60 g Puderzucker

125 g Mehl Type 550

500 g Eiweiß (von etwa 14 großen Eiern)

2 TL Weinstein

½ TL grobes Meersalz

375 g Kristallzucker

1 Päckchen Bourbon-Vanillezucker

½ TL Mandelaroma

Ergibt 1 Kuchen mit 25 cm Durchmesser

Süße Erdbeeren im Juni, saftige Pfirsiche im August, knackige Äpfel im Oktober und köstliche Mandarinen im Dezember: Reife Früchte verkünden die jeweilige Jahreszeit.

Früchte

Früchte spielen in der Menschheitsgeschichte seit jeher eine wichtige Rolle: In altägyptischen Gräbern etwa fand man Körbe voller Feigen. Und wer kennt nicht das Märchen von Schneewittchen, das dem vergifteten roten Apfel der Königin nicht widerstehen konnte? Reife Früchte duften herrlich und sehen wunderschön aus. Außerdem enthalten sie viele Vitamine, Mineral- und Ballaststoffe sowie komplexe Kohlenhydrate. Irgendwie scheinen sie auch unsere Stimmung zu erspüren: Kaum sind wir einer Sorte überdrüssig, gibt es das süße, saftige Obst der darauffolgenden Jahreszeit. Ob direkt vom Baum oder Strauch gepflückt, in leckeren Desserts und Drinks, köstlichen Kuchen oder Torten, frische Früchte sind immer eine Gaumenfreude.

Meine Familie liebt Obst in jeglicher Form, ob frisch gepflückt, überbacken oder als Kuchenbelag. Saftige Früchte sind gesund und sehr vielseitig. Zudem erlauben sie uns, im Einklang mit den Jahreszeiten zu leben.

Bunte, nahrhafte Vitaminquelle

Wir dürfen uns glücklich schätzen, dass es ein derart reichhaltiges Angebot an Früchten gibt. Die meisten sind unwiderstehlich süß, doch verlockend sind auch jene, die eher mit Gemüse verwandt sind. Wer kann schon cremigem Avocadofruchtfleisch oder einer sonnengereiften Tomate widerstehen? Kinder müssen oft dazu gezwungen werden, Gemüse zu essen – das trifft bei Obst selten zu. Zum Glück, denn Früchte sind reich an Kohlenhydraten, Ballaststoffen, Kalium, Vitamin A und C. Manche enthalten auch Eisen und Kalzium.

Genuss nach Saison

Kaufen Sie Obst am besten dann, wenn es gerade Saison hat. Viele Früchte sind zwar das ganze Jahr über erhältlich, haben aber einen langen Transportweg hinter sich und werden unreif gepflückt. Das bedeutet, dass von ihrem eigentlichen Aroma kaum noch etwas übrig ist. Außerdem sind sie wesentlich teurer als Obst aus heimischem Anbau. Aufgrund des ganzjährigen Angebots wissen viele Menschen gar nicht mehr, welche Früchte gerade Saison haben. Wir verlieren das Gefühl für den Ablauf der Jahreszeiten, wenn wir Erdbeeren im Winter kaufen.

Ich versuche immer, einen großen Bogen um importierte Früchte zu machen und mein Augenmerk darauf zu lenken, was die heimischen Obstproduzenten anbieten. Das geht am besten auf Wochen- und Bauernmärkten, große Supermarktketten sind darauf angewiesen, ihr Angebot möglichst vielfältig zu halten. Es macht auch viel mehr Spaß, sich nach einem langen Winter auf die ersten Erdbeeren zu freuen, als ihre ständige Präsenz als selbstverständlich zu betrachten.

Zum frühen Obst im Jahr zählt Rhabarber, die hellvioletten Stangen gibt es bereits im Mai. Aromatisch duftende Erdbeeren sind die ersten Vorboten des Sommers. Sie sind ab Juni erhältlich, zur gleichen Zeit wie Himbeeren, rote sowie schwarze Johannisbeeren, Süß- und Sauerkirschen. Im Juli folgen dann süße Aprikosen, Mirabellen sowie Nektarinen, Pfirsiche und Stachelbeeren. Ab August sind die ersten Äpfel und Birnen auf dem Markt. In diesem Monat gibt es auch köstliche Brombeeren, Preiselbeeren sowie Heidelbeeren, Melonen und Pflaumen.

Der Sommer ist also die ideale Zeit, um saftige Obstkuchen und leckere Süßspeisen mit Früchten herzustellen. Beeren, Kirschen und Steinfrüchte lassen sich hervorragend einfrieren oder zu feinen Gelees und Konfitüren verarbeiten. Auf diesen Vorrat können Sie im Herbst und Winter zurückgreifen.

Doch auch der Herbst schenkt uns herrliche Früchte, zum Beispiel ab September Weintrauben sowie vollreife Pflaumen und Birnen. In dieser Zeit werden auch Quitten geerntet. Im Oktober beginnt die Saison der Nüsse: Haselnüsse und Walnüsse verleihen vielen Backwaren und Desserts ein unvergleichliches Aroma. Bananen wachsen in unseren Breiten natürlich nicht, doch sie werden im September in den Tropen geerntet und dann nach Europa importiert.

Im Winter haben Zitrus- und exotische Früchte Hochsaison. Ab November sind frische Mandarinen, Grapefruits und Orangen erhältlich. Kumquats und Limetten gibt es erst im Januar. Auch Ananas, Feigen, Granatäpfel, Karambolen und Kiwis sind Früchte, die bei uns vorrangig in den Wintermonaten angeboten werden. Avocados werden von Oktober bis April geerntet, Zitronen von Februar bis Mai.

FRÜHLINGSFRÜCHTE

- Ananas
- Avocados
- Clementinen
- Grapefruits
- Karambolen
- Mangos
- Orangen

HERBSTFRÜCHTE

- Äpfel
- Bananen
- Birnen
- Melonen
- Nüsse
- Quitten
- Weintrauben

SOMMERFRÜCHTE

- Aprikosen
- Birnen
- Brombeeren
- Erdbeeren
- Heidelbeeren
- Himbeeren
- Johannisbeeren
- Nektarinen
- Pfirsiche
- Pflaumen

WINTERFRÜCHTE

- Ananas
- Avocados
- Clementinen
- Grapefruits
- Kiwis
- Kumquats
- Limetten
- Mangos
- Orangen
- Zitronen

FRÜCHTE MIT HOHEN PESTIZIDWERTEN

In dieser Liste finden Sie in Supermarktketten erhältliches Obst, das häufig stark mit Pflanzenschutzmitteln belastet ist:

Äpfel
Birnen
Erdbeeren
Johannisbeeren
Kirschen
Nektarinen
Stachelbeeren
Weintrauben

(Quelle: Greenpeace Deutschland)

Früchte kaufen

Heimisches Obst ist immer am frischesten. Es wird auf Bauern- sowie Wochenmärkten, direkt ab Hof und im Fachhandel verkauft. Wenn Sie Kisten mit schönem Obst sehen, das preiswert ist, bedeutet das in der Regel, dass diese Früchte gerade Saison haben. Kaufen Sie nur so viel, wie Sie innerhalb von wenigen Tagen aufbrauchen können. Mit Ausnahme von Äpfeln und Birnen ist frisches Obst leicht verderblich, sollte aber möglichst nicht im Kühlschrank gelagert werden, da es sonst an Aroma verliert. Riechen Sie vor dem Kauf an den Früchten, reife duften intensiv. Sie sollten eine glatte Haut und keine schadhaften Stellen haben. Beeren sollten prall, nicht matschig sein und keinen Saft absondern. Früchte, die vertrocknet aussehen oder seltsam riechen, sollten Sie meiden.

Ich kaufe so oft wie möglich Obst aus biologischem Anbau, um sicherzugehen, dass es nicht mit Pestiziden behandelt wurde. Manchmal erwerbe ich auch heimische Ware, die nicht explizit mit »Bio« gekennzeichnet ist. Ich kenne die Bauern und weiß, wie sie ihre Produkte anbauen. Wenn Sie auf einem Bauernmarkt einkaufen und unsicher sind, fragen Sie einfach nach, ob das Obst gespritzt ist. Im Zweifelsfall sollten Sie das Obst vor dem Verzehr schälen, Wasser entfernt nur Schmutz, keine Pestizide.

Hin und wieder sieht man Obst, das von alten Kulturpflanzen stammt. Das sagt jedoch nichts über die Anbauweise aus, sondern lediglich, dass diese Sorte vielleicht bereits vor fünfzig oder mehr Jahren kultiviert wurde. Vor allem Äpfel und Birnen werden verstärkt aus alten Kulturpflanzen gewonnen. Das liegt daran, dass zum Beispiel Äpfel früher für verschiedene Zwecke angebaut wurden. Es gab Äpfel zum Kochen, Backen, für die Saftherstellung und für den sofortigen Verzehr. Heutzutage sieht man selten mehr als vier Sorten, die Äpfel in den Supermärkten sind so genannte Allzweckäpfel, man kann sie beliebig verarbeiten. Die Kultivierung alter Sorten ist sehr erfreulich, probieren Sie diese Äpfel und Birnen auf jeden Fall aus, wenn sie angeboten werden.

Früchte lagern

Nehmen Sie Früchte sofort aus der Tüte, sobald Sie zu Haue sind, sie müssen atmen können. Empfindliches Obst wie Aprikosen und Pfirsiche sollte in einer einzigen Lage, nicht gestapelt aufbewahrt werden. Legen Sie sie nebeneinander auf eine große Platte oder ein Backblech. Auch Beeren halten länger, wenn sie ausgebreitet auf einem Tablett o. Ä. gelagert werden. Ungeschnittenes Obst stets bei Raumtemperatur aufbewahren, geschnittenes darf in den Kühlschrank, weil es nicht mehr nachreift. Früchte erst kurz vor dem Verzehr waschen, wenn sie erst einmal gewaschen sind, verderben sie schnell.

Eine Kindheitserinnerung

Als Kind habe ich einmal mühsam versucht, eine schmale Leiter an einem Apfelbaum hochzuschieben. Wir befanden uns auf einer Obstplantage, auf der man selbst Äpfel pflücken konnte. Sobald mein Vater die Leiter sicher im Baum verankert hatte, schlugen wir Kinder uns beim Pflücken den Bauch mit süßen, sonnengewärmten Äpfeln voll. Unsere Gesichter und Arme wurden durch den Saft klebrig und zogen Wespenschwärme an. Als unsere Körbe randvoll mit Äpfeln waren, fuhren wir nach Hause, um Apfelkuchen, Apfelsauce und mit Äpfeln gekrönte Salate zu zaubern. Es machte uns glücklich, an einem klaren Herbsttag Äpfel zu pflücken und den delikaten Lohn unserer Arbeit zu genießen.

Zwanzig Jahre später kehrte ich zu der Obstplantage zurück und stellte enttäuscht fest, dass die Bäume kaum größer als ich waren und weit und breit keine Leiter zu sehen war. Apfelpflücken war keine Herausforderung mehr. Offensichtlich waren nicht nur Äpfel, sondern auch Leute von den Bäumen gefallen, deshalb kultivierte man nur noch kleine Bäume. Das Abenteuer Obstpflücken gehört der Vergangenheit an.

ZUM AUSPROBIEREN ZU HAUSE

BEERENKONFITÜRE

Egal, ob Sie Himbeeren, Erdbeeren, Heidelbeeren oder Brombeeren wählen – ein paar Arbeitsschritte genügen, und in weniger als einer Stunde haben Sie frische Konfitüre. Wenn Sie ein Glas davon im Winter öffnen, steht plötzlich der Sommer im Raum.

Sie benötigen keine speziellen Geräte oder Zutaten. Ein geriebener grüner Apfel liefert genügend Pektin, um die Konfitüre fest werden zu lassen. Sie müssen die Gläser auch nicht vorher sterilisieren: Füllen Sie die heiße Konfitüre in saubere Gläser, verschließen Sie diese und stellen Sie sie auf den Kopf. Das Vakuum, das dadurch entsteht, sorgt für die Sterilisation.

Die Beeren sollten reif, aber nicht überreif sein. Die Kinder können die Beeren verlesen, durch ein Sieb streichen und Etiketten bemalen. Die Erwachsenen können die heiße Konfitüre rühren und in die Gläser füllen.

Pektin

Alle Früchte enthalten Pektin in unterschiedlicher Konzentration, es bringt Fruchtsäfte zum Gelieren. Doch dazu braucht es die Mithilfe von Zucker und Säure. Wenn Konfitüren zu wenig Zucker enthalten, kann das Pektin nicht aktiv werden und die Masse geliert nicht richtig. Zitronensaft säuert die Früchte, und das Pektin kann sich besser mit dem Zucker verbinden.

Industriell hergestelltes Pektin wird aus Apfel- oder Zitrustrester gewonnen. Wenn man Konfitüre mit wenig Zucker macht, benötigt man ein spezielles Pektin. Ohne Pektin verliert Konfitüre den frischen Geschmack und die intensive Farbe.

Unreife Früchte enthalten am meisten Pektin. Sobald sie reifen und weich werden, sinkt der Pektingehalt. Es empfiehlt sich also, gerade reif gewordene Früchte zum Konfitürekochen zu verwenden.

pektinreiche Früchte:

- Äpfel
- Quitten
- Schale von Zitrusfrüchten
- schwarze und rote Johannisbeeren
- Stachelbeeren

pektinarme Früchte:

- Erdbeeren
- Heidelbeeren
- Himbeeren
- Kirschen (Süß- und Sauerkirschen)
- Weintrauben

Das benötigen Sie

- **Küchenwaage**
- **1 kg sorgfältig verlesene Beeren**
- **750 g Zucker**
- **1 grünen oder unreifen Apfel, mitsamt Schale gerieben, ohne Kerngehäuse**
- **50 ml frisch gepressten Zitronensaft**
- **Topf mit 5 l Fassungsvermögen und schwerem Boden**
- **Holzlöffel**
- **1 gekühlten Teller**
- **Schöpflöffel**
- **Trichter (optional)**
- **4–5 Gläser (à 250 ml) mit Schraubdeckelverschluss**

1 Zucker und Beeren wiegen

Das Abwiegen der Zutaten gewährleistet, dass die Konfitüre die richtige Süße und Konsistenz hat. Erdbeeren vorher waschen, putzen und klein schneiden.

2 Zutaten vermengen

Beeren, Zucker, Apfel und Zitronensaft im Topf vermengen. Der Topf sollte nur halb voll sein, sonst spritzt es beim Kochen. Mit einem Holzlöffel rühren, bis die Beeren leicht breiig werden.

3 Aufkochen

Beerenmischung bei mittlerer Hitze zum Kochen bringen. Den aufsteigenden Schaum mit einem Schöpflöffel entfernen, damit die fertige Konfitüre nicht trüb wird. 15 Minuten kochen lassen. Häufig umrühren. Sobald die Früchte am Topfboden ansetzen, ständig rühren.

4 Prüfen

Sobald die Konfitüre gut eingedickt ist, ein wenig davon auf einen gekühlten Teller geben. Wenn die Konfitüre fest ist und keinen Saft absondert, ist sie fertig. Ansonsten nochmals 5 Minuten kochen lassen und Test wiederholen. Meist geliert Beerenkonfitüre in etwa 15 Minuten.

5 Abfüllen

In Gläser füllen, diese verschließen und auf den Kopf stellen. Vollständig abkühlen lassen. Gläser wieder umdrehen und gegen die Deckelmitte drücken. Wenn er eingedrückt bleibt, kann man die Konfitüre bis zu 1 Jahr kühl lagern. Wenn nicht, in den Kühlschrank stellen und in 3 Wochen aufbrauchen.

Bei diesem leckeren Gebäck sorgt die Himbeerkonfitüre für feine Süße. Durch die Haferflocken und Nüsse ist der Teigboden herrlich knusprig. Wenn Sie die Riegel süßer mögen, können Sie die Menge der Konfitüre verdoppeln. Die Kinder können bei der Teigzubereitung helfen. Die köstlichen Happen sind übrigens ein idealer Pausensnack für die Schule – gesund und nahrhaft.

Saftige Haferriegel

Butter für das Blech

250 g Mehl Type 405

100 g Vollrohrzucker

1 TL grobes Meersalz

1 TL Backpulver

¼ TL Speisenatron

200 g kalte Butter, gewürfelt

120 g kernige Haferflocken

30 g gemahlene Pekannüsse oder Mandeln

150 g Himbeerkonfitüre (siehe Seite 102) oder andere Beerenkonfitüre

Ergibt 10 Riegel

Ofen auf 180 °C vorheizen. Ein Backblech mit Butter bestreichen.

Mehl, Zucker, Salz, Backpulver sowie Speisenatron in einer großen Schüssel mit beiden Händen gründlich vermengen. Butterwürfel zufügen und mit einer Palette oder zwei Messern einarbeiten, bis grobe, feuchte Streusel entstehen. Haferflocken, Pekannüsse oder Mandeln zugeben und nochmals durcharbeiten.

Zwei Drittel des Teiges auf dem Blech verteilen und gut andrücken. Gleichmäßig mit Konfitüre bestreichen. Restlichen Teig darüber verteilen und leicht andrücken.

Im Ofen 35–40 Minuten lang goldbraun backen. Herausnehmen, auf einem Kuchengitter vollständig abkühlen lassen, dann in Riegel schneiden.

An heißen Sommertagen ist diese Limonade ein perfekter Durstlöscher. Im Frühjahr ernten wir unsere letzten Zitronen. Im Winter pflücken meine Töchter und ich mindestens zweimal im Monat fleißig Zitronen, reiben die Schale ab und pressen die Früchte aus. Saft und Schale werden für den Sommer eingefroren.

Sommerlimonade

Für den Sirup Zucker und 250 ml Wasser in einen kleinen Topf geben. Verrühren und bei mittlerer Hitze zum Kochen bringen. Hitze reduzieren und fünf Minuten köcheln lassen. In ein hitzebeständiges Gefäß füllen, vollständig abkühlen lassen und anschließend im Kühlschrank sehr kalt werden lassen. Der Sirup ist unbegrenzt haltbar.

Für die Limonade Zitronensaft in einen Krug gießen. Zuckersirup nach Geschmack hinzufügen. Mit einem Liter kaltem Wasser auffüllen und gut verrühren. Eiswürfel hineingeben. Die Limonade in hohe Gläser füllen, jeweils mit Zitronenscheiben garnieren und sofort servieren.

Für den Zuckersirup

250 g Zucker

Außerdem

250 ml frisch gepresster Zitronensaft

Eiswürfel

1 Zitrone, in dünne Scheiben geschnitten und entkernt

Für 6 Personen

Wir wollten in unserem Garten lieber Obstbäume als Rasen haben, der nur Wasser aufnimmt und nichts zurückgibt. Wir dachten, wenn die Obstbäume erst einmal gewachsen sind, brauchen sie nur wenig Wasser, dafür spenden sie im Sommer Schatten und schenken uns Früchte. Im ersten Jahr ernteten wir nur zwei Pflaumen, das haben wir groß gefeiert. Im nächsten Jahr hatten wir genug Pfirsiche und Äpfel, um ein paar Kuchen und einige Gläser Konfitüre machen zu können. Aber der Kirschbaum, in den ich so große Hoffnungen gesetzt hatte, blieb fruchtlos.

Drei Jahre vergingen. Da entdeckte ich im Spätfrühling Hunderte von Kirschblüten. Sie wurden jede Woche größer, und ich freute mich auf die Ernte im Juli. Dann begannen die Blätter vom Baum zu fallen. Zuerst einige wenige und dann ganze Büschel. Eine Woche vor der Erntezeit bemerkte mein Schwiegervater: »Hübsche Kirschen. Was ist mit den Blättern passiert?« Ich wusste es nicht. Ich fürchtete plötzlich, dass der Baum eingehen würde, und pflückte jeden Tag eine Handvoll fast reifer Kirschen. Ich entkernte sie und fror sie ein. Sie schmeckten süß und hatten einen mandelartigen Nachgeschmack. Ich erntete insgesamt vier Kilo, das reichte für einen Kuchen und ein paar Kirschecken. Die Kirschen schmeckten so köstlich, dass ich die nächste Ernte kaum abwarten konnte. Dieses Obst ist extrem vielseitig. Man kann damit Kompott, Kuchen, Eiscreme, Konfitüre und vieles mehr zubereiten. Kirschen zählen wirklich zu unseren Lieblingsfrüchten.

Das leichte Mandelaroma von Sauerkirschen wird intensiver, wenn man sie mit den richtigen Zutaten verarbeitet. Meine Töchter sind inzwischen echte Profis, wenn es um das Füllen und Versiegeln von Kirschtaschen geht. Wir servieren dieses Gebäck gerne bei Frühstückspartys oder als Dessert bei einem Grillfest.

Knusprige Kirschecken

⅓ Rezept Blätterteig (siehe Seite 279) oder 1 Lage tiefgefrorener Blätterteig (28 x 43 cm), nach Packungsanweisung aufgetaut

2 EL gemahlene Mandeln

2 EL Puderzucker

200 g frische Sauerkirschen, entsteint und von den Stielen befreit, oder Sauerkirschen aus dem Glas, abgetropft

150 g Kristallzucker

1 EL Mehl Type 405

1 großes Eiweiß, leicht geschlagen

30 g Mandelblättchen

Ergibt 6 Ecken

Ein Blech mit Backpapier belegen. Den Teig auf bemehlter Arbeitsfläche zu einem Rechteck (45 x 30 cm) ausrollen. In sechs Quadrate (6 x 6 cm) teilen. Gemahlene Mandeln in einer kleinen Schüssel mit dem Puderzucker vermengen. Kirschen, 130 g Kristallzucker und Mehl in einer zweiten Schüssel vermischen.

Je zwei Teelöffel der Mandelmischung in die Mitte der Quadrate setzen. Die Kirschen gleichmäßig auf die Quadrate verteilen. Jeweils die Ränder von zwei aneinander angrenzenden Seiten eines Quadrates mit Eiweiß bestreichen. Die Quadrate vorsichtig zu Dreiecken zusammenklappen. Die Ränder mit einer Gabel zusammendrücken. Kirschecken mit ausreichend Abstand zueinander auf das Blech setzen. 30 Minuten lang kühl stellen (Oder luftdicht in Frischhaltefolie verpacken und bis zu drei Monate einfrieren. Unaufgetaut in den vorgeheizten Ofen geben und etwa eine Stunde backen).

Den Ofen auf 220 °C vorheizen. Die Ränder der Kirschecken nochmals mit einer Gabel zusammendrücken. Die Oberseite der Ecken dünn mit Eiweiß bestreichen. Mit Mandelblättchen und restlichem Zucker bestreuen. Mit einem scharfen Messer je zwei kleine Einschnitte an der Oberseite machen.

20 Minuten backen. Hitze auf 180 °C reduzieren und die Ecken nochmals 10–15 Minuten backen. Ein wenig auf dem Blech abkühlen lassen und noch warm servieren.

Die Ehe zwischen Heidelbeerkuchen und Vanilleeis wurde im Himmel geschlossen – auf diese Kombination freuen wir uns jeden Sommer. Ich mache den Teig, die Kinder verlesen und zuckern die Beeren. Sie dürfen auch die Teigstreifen schneiden und auf die Heidelbeeren legen. Manchmal entstehen dabei ziemlich ausgefallene Muster, was aber den köstlichen Geschmack des Kuchens in keinster Weise beeinträchtigt.

Heidelbeerkuchen

Die Hälfte des Teigs auf leicht bemehlter Arbeitsfläche zu einem etwa 3 mm dicken Kreis mit 30 cm Durchmesser ausrollen. In eine Springform legen, gut andrücken und einen 2,5 cm hohen Rand hochziehen.

Heidelbeeren, Zitronensaft und Vanillezucker vermischen. 140 g Zucker, das Mehl sowie Salz zufügen und alles gut vermengen. Die Heidelbeeren auf dem Boden der Form verteilen. Butterwürfel daraufsetzen.

Restlichen Teig zu einem Kreis in Größe der Springform ausrollen. In dünne Streifen schneiden und diese in Form eines Gitters auf die Heidelbeeren legen. 30 Minuten kühl stellen.

Den Ofen auf 200 °C vorheizen. Das Gittermuster mit Milch bestreichen und mit dem restlichen Zucker bestreuen. Den Kuchen 50–60 Minuten backen. Herausnehmen und auf einem Kuchengitter abkühlen lassen. Lauwarm oder kalt in Stücke schneiden und jeweils mit einer großen Kugel Vanilleeis servieren.

doppeltes Rezept Blätterteig (siehe Seite 278) oder 2 Packungen Blätterteig aus dem Kühlregal, ausreichend für 2 Springformen à 23 cm

500 g frische oder tiefgefrorene Heidelbeeren

1 EL Zitronensaft

1 Päckchen Bourbon-Vanillezucker

150 g Zucker

3 EL Mehl Type 405

1 Prise grobes Meersalz

60 g kalte Butter, gewürfelt

2 EL Milch

Das beste Vanilleeis (siehe Seite 71), zum Servieren

Ergibt 1 Kuchen (23 cm)

Ich werfe überreife Bananen nicht weg, sondern bereite diese Muffins damit zu. Der Teig ergibt 12 normal große oder 24 Mini-Muffins. Kinder mögen Minigebäck besonders gerne – obwohl ich auch immer auffällig viele Lehrer im Klassenzimmer sehe, wenn ich die Muffins vorbeibringe.

Bananen-Muffins

Butter und Mehl für die Förmchen

125 g Vollkornmehl

150 g Mehl Type 405

1 TL Speisenatron

¼ TL grobes Meersalz

5 mittelgroße Bananen, geschält und zerdrückt

60 ml Milch

200 g Rohrzucker

125 g zimmerwarme Butter

2 große Eier

1 Päckchen Bourbon-Vanillezucker

Ergibt 12 normal große oder 24 Mini-Muffins

Ofen auf 180 °C vorheizen. Ein Muffin-Backblech für 12 Stück oder für 24 Mini-Muffins mit Butter ausstreichen und mit Mehl ausstäuben. Überschüssiges Mehl abklopfen.

Mehlsorten, Speisenatron und Salz in einer Schüssel vermischen. Bananenfruchtfleisch und Milch in einer zweiten Schüssel vermengen.

Zucker und Butter mit einem Handrührgerät schaumig schlagen. Die Eier einzeln unterrühren. Vanillezucker und Bananenmischung auf niedriger Stufe beigeben. Mehlmischung zufügen und rasch unterarbeiten, die Zutaten sollten gerade vermengt sein. Den Teig in die Förmchen füllen, sie sollten nur zu zwei Dritteln gefüllt sein.

Normal große Muffins 17–20 Minuten, Mini-Muffins 12–15 Minuten goldbraun backen. Die Muffins sind fertig, wenn sie auf leichten Fingerdruck nachgeben. Fünf Minuten in den Förmchen abkühlen lassen, dann auf ein Kuchengitter stürzen. Warm oder zimmerwarm servieren.

Varianten

Sie können die Muffins zusätzlich mit Streusel versehen, wie beim Aprikosen-Crumble (siehe Seite 120), oder ½ Teelöffel gemahlenen Zimt unter das Mehl mischen. Köstlich schmecken die Muffins auch, wenn Sie zum Schluss getrocknete Johannisbeeren oder eine Handvoll gehackte, geröstete Pekan- oder Walnüsse in den Teig rühren.

Pflaumen eignen sich besonders gut zum Überbacken, weil die Gerbstoffe, die in der Haut stecken, dabei freigesetzt werden und dem süßen Saft eine angenehm bittere Note verleihen. Fügen Sie etwas mehr Zucker hinzu, wenn Sie große Pflaumen verwenden.

Pflaumen mit Crème fraîche

Ofen auf 200 °C vorheizen. Ein Backblech mit Butter bestreichen. Die Pflaumenhälften mit der Schnittfläche nach oben daraufsetzen. Mit braunem Zucker und Salz bestreuen. Butterflöckchen in die Vertiefungen der Pflaumen geben.

20 Minuten backen. Wenden und nochmals 15–20 Minuten garen. Eventuell zwei Esslöffel heißes Wasser zugeben, wenn der austretende Saft zu stark verdampft und am Blech ansetzt.

Inzwischen Crème fraîche, Kristall- und Vanillezucker gut verrühren. Jeweils zwei bis drei Pflaumenhälften mit der Schnittfläche nach oben auf Dessertteller legen. Jeweils mit einem großen Klecks Crème fraîche versehen und sofort servieren.

Butter für das Blech

6 vollreife mittelgroße Pflaumen, halbiert und entsteint

100 g brauner Zucker, zum Beispiel Demerarazucker

1 Prise grobes Meersalz

60 g Butter, in Flöckchen

250 g Crème fraîche, selbst gemacht (siehe Seite 279) oder gekauft

1 EL Kristallzucker

½ Päckchen Bourbon-Vanillezucker

Für 4–6 Personen

Varianten

Andere Steinfrüchte, zum Beispiel Pfirsiche oder Nektarinen, eignen sich ebenfalls gut zum Überbacken, sie sollten aber auch vollreif sein. Passen Sie die Garzeit der jeweiligen Größe des Obstes an.

Crumbles sind für viel beschäftigte Köche genau das Richtige: Man muss nur ein paar frische Früchte in eine Backform geben und sie mit Streuseln bedecken. Die Kinder können die Aprikosen entsteinen und die Streusel über die Früchte geben. Zu dem noch warmen Kuchen passen am besten Schlagsahne oder Vanilleeis (siehe Seite 71).

Aprikosen-Crumble

Butter für die Form

1 kg vollreife Aprikosen

2 TL frisch gepresster Zitronensaft

½ Päckchen Bourbon-Vanillezucker

100 g Kristallzucker

150 g Mehl Type 405

180 g Roh-Rohrzucker

½ TL grobes Meersalz

¼ TL gemahlener Zimt

125 g zimmerwarme Butter

Für 1 Kuchen

Den Ofen auf 200 °C vorheizen. Eine Auflaufform mit Butter ausstreichen.

Aprikosen waschen, trocken tupfen, halbieren, entsteinen und vierteln. In einer großen Schüssel mit Zitronensaft, Vanille- sowie Kristallzucker und zwei Esslöffeln Mehl vermengen. In die Form füllen.

Restliches Mehl, Rohrzucker, Salz sowie Zimt in einer zweiten Schüssel vermischen. Die Butter in Würfeln zugeben und mit einer Palette oder zwei Messern einarbeiten, bis sich Streusel bilden.

Die Streusel gleichmäßig auf den Aprikosen verteilen und etwa 40 Minuten backen. Noch warm servieren.

Varianten

Für diese Art der Zubereitung eignen sich sehr viele Obstsorten, zum Beispiel Kirschen, Sommerbeeren, Pfirsiche, Nektarinen, Pflaumen, Äpfel, Birnen oder Quitten. Verwenden Sie am besten die jeweiligen Früchte der Saison. Die Zuckermenge hängt von der Süße des Obstes ab.

Dieser Auflauf wird auf kleine Förmchen verteilt. Kinder lieben Desserts, die gleich portionsweise zubereitet werden. Sie können den Teig in fantasievolle Formen schneiden, hübsch sehen zum Beispiel Sterne oder Halbmonde aus. Mit selbst gemachtem Vanilleeis (siehe Seite 71) schmeckt der Auflauf besonders gut.

Pfirsichauflauf mit Teigkruste

Butter für die Förmchen

1 kg vollreife Pfirsiche, geschält, entsteint und in Spalten geschnitten

2 TL Zitronensaft

1 Päckchen Bourbon-Vanillezucker

125 g Zucker

150 g Mehl Type 405

1 EL brauner Zucker

2 TL Backpulver

½ TL Speisenatron

1 Prise grobes Meersalz

60 g kalte Butter, gewürfelt

175 ml Buttermilch

2 EL Sahne

Ergibt 6–8 Stück

Ofen auf 220 °C vorheizen. Sechs bis acht kleine Förmchen mit Butter ausstreichen.

Pfirsichspalten mit Zitronensaft, Vanille- sowie weißem Zucker vermengen. Auf die Förmchen verteilen.

Mehl, braunen Zucker, Backpulver sowie Speisenatron und Salz in einer Schüssel vermengen. Butterwürfel mit einer Palette einarbeiten, bis erbsengroße Streusel entstehen. Buttermilch zufügen und mit einer Gabel unterrühren, bis sich die Zutaten verbinden. Auf eine bemehlte Arbeitsfläche geben und zu einem glatten, klebrigen Teig verarbeiten.

Den Teig zu einem Quadrat (20 x 20 cm) formen, wenn nötig etwas Mehl zugeben. In sechs bis acht gleich große Stücke schneiden und auf die Pfirsiche legen. Teigoberfläche mit Sahne bestreichen.

Zehn Minuten backen. Ofentemperatur auf 190 °C reduzieren und den Auflauf 25–30 Minuten goldbraun backen. Noch warm in den Förmchen servieren.

Gemüse hat viele Erscheinungsformen. Interessanterweise essen Kinder manche Sorten gerne, andere werden hingegen nur unter lautstarkem Protest verzehrt.

Gemüse & Kräuter

Es gibt Gemüsesorten, die ein Lächeln auf unser Gesicht zaubern – zum Beispiel frisch geerntete Maiskolben, Kartoffeln oder Gurken. Sie bringen uns dazu, in die Küche zu eilen, um Maispuffer zu braten, cremiges Kartoffelpüree aufzuschlagen und Gurken einzulegen. Gemüse bringt Farbe und Abwechslung in unseren Speiseplan, außerdem liefert es viele Vitamine, Mineral- sowie Ballaststoffe. Natürlich schmeckt Gemüse der Saison am besten. Sie sollten möglichst viel davon essen und sich dann der nächsten Sorte in der Erntefolge zuwenden. Vielleicht gehören Sie ja zu den glücklichen Menschen, die ihr Lieblingsgemüse im eigenen Garten ziehen. Wenn nicht, sollten Sie es auf Wochenmärkten kaufen. Dort finden Sie das beste Angebot Ihrer Region.

Jeder, der schon einmal eine direkt vom Strauch gepflückte vollreife Tomate, in Butter gedünstete frische Erbsen oder zarten Lauch gekostet hat, weiß, wie unglaublich köstlich Gemüse schmecken kann.

KRÄUTER

Sie verleihen jedem Gericht das gewisse Etwas. Zarte Kräuter wie Basilikum, Pfefferminze, Estragon, Koriander, Schnittlauch und Petersilie verlieren unter Hitzeeinwirkung rasch an Aroma und Konsistenz. Sie sollten deshalb erst kurz vor dem Servieren zugegeben oder roh unter Salate gemischt werden. Oregano, Majoran und Salbei sind etwas robuster und können kurz mitgegart werden. Ihr intensives Aroma verfeinert Fleisch, Fisch und Gemüse. Thymian und Rosmarin vertragen Hitze gut, deshalb sind sie ideal zum Würzen von Fleisch oder Geflügel geeignet, das im Ofen gegart wird. Man kann sie auch in Saucen, Suppen und Eintöpfen verwenden, am besten in einem Kräutersäckchen.

Füllhorn der Natur

Die Natur hat dafür gesorgt, dass Gemüse und Kräuter der jeweiligen Saison perfekt angepasst sind: So wie wir im Sommer T-Shirts und im Winter Wollmäntel tragen. Sommergemüse ist leicht verderblich und hat eine dünne Schale. Es muss nur kurz oder gar nicht gegart werden. Wintergemüse muss hingegen meist geschält und länger gekocht werden. Außerdem kann man es lagern.

Im Sommer kann meine Familie von Mais, Tomaten und Paprikaschoten gar nicht genug bekommen. Eigentlich machen wir das mit jedem Gemüse so, das gerade Saison hat: Wir stopfen uns damit voll, bis wir es nicht mehr sehen können. Wir verwenden auch reichlich frische Kräuter aus unserem Garten. Mit der Zeit lässt unser Enthusiasmus nach, die Kräuter werden selbstverständlich und wir freuen uns auf das Gemüse der nächsten Saison. Jede Gemüse- und Kräuterart hat im Laufe des Jahres einen festen Platz auf unserem Speiseplan. Sobald eine Sorte aus unserem Garten verschwunden oder nicht länger auf dem Markt ist, kommt etwas anderes auf den Tisch. Auf diese Weise genießen wir das Angebot der jeweiligen Jahreszeit in vollen Zügen.

Gärtnern mit Liebe

Jedes Frühjahr, wenn das Wetter wärmer wird, piesackt mich meine jüngere Tochter, dass ich Erbsen kaufen gehen soll. Und zwar nicht irgendwelche, sondern die süßen von unserer Freundin Nancy, die in Kalifornien lebt. Nancy verkauft ihre herrlichen Erbsen auf dem dortigen Wochenmarkt und hat unter all den Bauern, die ihr Gemüse und Obst biologisch anbauen, einen legendären Ruf. Aus irgendwelchen Gründen schmecken ihre Erbsen süßer und intensiver als die der anderen. Eines Tages fragte ich meine Töchter, ob sie eine Erklärung dafür hätten, und sie antworteten: »Weil Nancy alles mit Liebe anbaut.«

FRÜHLINGSGEMÜSE

Artischocken
Chicorée
Grünkohl
Kohlrabi
Radieschen
Salatgurken
Spargel
Spinat
Spitzkohl
Wirsing

HERBSTGEMÜSE

Blumenkohl
Chinakohl
Fenchel
Kartoffeln
Kürbis
Pilze
Rettich
Rote Bete
Rotkohl
Sellerie
Steckrüben
Spitzkohl
Wirsing
Zucchini
Zwiebeln

SOMMERGEMÜSE

Auberginen
Brokkoli
Erbsen
Frühkartoffeln
Grüne Bohnen
Knoblauch
Lauch
Mais
Mangold
Möhren
Paprikaschoten
Staudensellerie
Tomaten

WINTERGEMÜSE

Brunnenkresse
Chicorée
Grünkohl
Kürbis
Meerrettich
Pak Choi
Pastinaken
Rosenkohl
Rote Bete
Steckrüben

Süße gelbe Maiskörner, saftige rote Tomaten, leuchtend oranger Kürbis, violette Auberginen, zartgrüne Zucchini – Gemüse weist alle möglichen Formen und Größen sowie intensive Farben auf.

PESTIZIDBELASTETES GEMÜSE

Diese Gemüsearten aus konventionellem Anbau sind häufig stark pestizidbelastet:

Auberginen
Feldsalat
Grüne Bohnen
Grünkohl
Paprikaschoten
Petersilie
Radieschen
Rucola
Salat
Salatgurken
Zucchini

(Quelle: Greenpeace Deutschland)

Regionale Produkte kaufen

Kaufen Sie möglichst oft Gemüse aus heimischem Freilandanbau, es schmeckt unvergleichlich besser als Treibhausware oder aus fernen Ländern importierte Produkte. Gehen Sie auf Wochen- oder Bauernmärkte, dort werden Sie selbst im Winter frisches Wurzelgemüse finden. Gemüse der Saison ist zudem meist wesentlich preisgünstiger als Ware, die einen langen Transportweg hinter sich hat.

Bio-Gemüse ist besser

Gemüse aus biologischem Anbau hat zwar seinen Preis, dafür können Sie sichergehen, dass es nicht mit Pflanzenschutzmitteln belastet ist. In den riesigen Gewächshausanlagen Hollands und Spaniens werden Gemüse und Obst nicht nur gegen Schädlinge gespritzt, man kultiviert auch schnell wachsende und ertragreiche Sorten. Deren Früchte erscheinen zwar makellos, weisen aber häufig kaum Geschmack auf. Auf solche Ware sollte man also nicht nur wegen der Schadstoffe verzichten. Sicherheitshalber sollten Sie Gemüse stets gründlich unter fließendem Wasser waschen oder schälen. Nebenstehend sehen Sie eine Liste der Gemüsearten aus konventionellem Anbau, die aufgrund ihrer hohen Pestizidbelastung immer wieder in das Kreuzfeuer der Kritik geraten.

Qualität prüfen

Gemüse wird in drei Hauptkategorien unterteilt: Frucht-, Blatt- und Wurzelgemüse. Fruchtgemüse reift nach dem Ernten nicht mehr nach. Hierzu zählen beispielsweise Auberginen, Erbsen, Bohnen, Kürbisse, Paprikaschoten, Tomaten und Zucchini. Je frischer diese Gemüsearten sind, desto höher ist ihr Vitamin- und der natürliche Zuckergehalt. Fruchtgemüse ist leicht verderblich, es sollte beim Kauf prall sein und eine glatte Haut haben. Strunk, Stängel oder Stiel sollten nicht welk oder dunkel gefärbt sein.

Blattgemüse sind Spinat, Salat sowie Kohlsorten wie Chinakohl, Wirsing und Grünkohl. Blumenkohl, Brokkoli, Rosenkohl usw. sind Kohlgemüse. Achten Sie beim Kauf darauf, dass die Blätter oder Röschen fest und nicht verfärbt sind. Bei modrigem Geruch lieber die Finger davon lassen. Spinat und Blumenkohl vor der Verwendung gut wässern, damit sich Sand und eventuell festsitzende Insekten lösen. Frisches Blattgemüse innerhalb von ein bis zwei Tagen aufbrauchen. Sobald es gewaschen und geschnitten ist, verliert es rasch an wertvollen Inhaltstoffen. Welker Salat lässt sich wiederbeleben, indem man ihn in warmes Wasser taucht, trocken schüttelt und in einem luftdicht verschlossenen Beutel für einige Stunden kühl lagert.

Wurzelgemüse ist quasi noch lebendig, wenn es auf den Markt kommt. Sie haben sicher schon einmal gesehen, wie Kartoffeln, Knoblauch oder Zwiebeln austreiben. Wenn man sie einpflanzen würde, würden sie wachsen. Bei frischem Wurzelgemüse – etwa bei Möhren, Radieschen, Rüben oder Kohlrabi – ist der Wurzelansatz noch intakt. Sobald er zu welken beginnt, wird er vom Händler entfernt. Deshalb lässt sich dann nicht mehr feststellen, wie weit die Ernte zurückliegt. Andererseits wirkt diese Maßnahme lebensverlängernd, weil das Gemüse für den Wurzelansatz keine Energie mehr aufwenden muss. Daher kommen viele Wurzelgemüse ohne Grün in den Handel. Möhren oder Rüben mit zartem Grün können Sie in Olivenöl andünsten, das Grün sieht nicht nur hübsch aus, es schmeckt auch lecker. Zwiebeln sowie Knoblauch sollten beim Kauf eine intakte Schale haben und fest sein. Gemüse stets trocken, dunkel und kühl lagern. Kartoffeln und Zwiebeln nicht zusammen aufbewahren, sonst entwickeln sich Gase, die das Auskeimen der beiden Gemüsearten beschleunigen.

ZUM AUSPROBIEREN ZU HAUSE

Gemüse & Kräuter aus eigener Anzucht

Man bekommt eine andere Einstellung zum Kochen, wenn man Nutzpflanzen vor der eigenen Haustür kultiviert. Man muss nur zur Küchenschere greifen, ein paar Zweige abschneiden, und sofort duftet gegrilltes Fleisch oder ein Gemüsegericht nach Rosmarin und Thymian. Aromatische Tomatenscheiben verfeinern belegte Brote, und der Kopfsalat ist so verlockend zart, dass man Lust auf einen großen Salatteller bekommt.

Ein Garten, der Lebensmittel liefert, bringt nicht nur viele Aromen und Geschmacksrichtungen auf den Tisch. Er ist auch gut für die Seele und sorgt dafür, dass Sie im Einklang mit den Jahreszeiten leben.

Unsere liebsten Gemüse und Kräuter

Gemüse

Diese robusten Pflanzen gedeihen auch auf Terrasse oder Balkon:

- Blattspinat
- Mangold
- Rote Bete
- Möhren
- Radieschen
- Auberginen
- Strauchtomaten
- Einlegegurken
- Paprikaschoten
- Chilischoten

Salat

Pflanzen Sie verschiedene Salatsorten in einem Beet oder großen Gefäß.

- Kopfsalat
- Friséesalat und Radicchio

Kräuter

Können Sie einzeln oder gruppenweise pflanzen. Unterschiedliche Kräuterarten sorgen für farbenfrohe Abwechslung im Topf oder in einer Gartenecke.

- Majoran und Oregano
- Basilikum (großblättriges und Thai-Basilikum)
- Thymian
- Estragon, Kerbel und Schnittlauch
- Rosmarin

Das benötigen Sie

- **Auswahl an Gemüse- und Kräutersetzlingen**
- **unterschiedlich große Töpfe oder ein vorbereitetes Gartenbeet**
- **Kiesel oder Tonscherben für die Drainage**
- **Substrat (Pflanzerde)**
- **Gießkanne**
- **Pflanzkelle**
- **Pflanzenmarkierungen**

1 Vorplanen

Stellen Sie fest, welche Gemüse- und Kräuterarten in Ihrer Region gut gedeihen. Pflanzen Sie nur Arten, die die ganze Familie mag.

2 Beet oder Topf?

Viele Gemüsearten können auch im Topf kultiviert werden, es gibt sogar spezielle Sorten für den Balkon. Wenn Sie sich für ein Beet entscheiden, sollten Sie für gute Entwässerung und einen stickstoffreichen Boden sorgen.

3 Der richtige Platz

Nutzpflanzen benötigen täglich mindestens sechs Stunden Sonnenlicht. Der Platz für Kräuter und Gemüse sollte also sonnig sein. Spinat und Salate gedeihen auch im Halbschatten.

4 Töpfe vorbereiten

Schichten Sie Kieselsteine oder Tonscherben rund um das Abflussloch in den Töpfen, damit das Wasser gut abfließen kann. Füllen Sie die Töpfe mit hochwertiger Pflanzerde.

5 Erde vorbereiten

Den Boden vor dem Pflanzen gut wässern. Stellen Sie die Setzlinge im Topf dorthin, wo sie gepflanzt werden sollen. Töpfe in die Erde drücken, um die Stelle zu markieren. Mit der Pflanzkelle ein Loch machen, das gerade groß genug ist, um die Pflanze aufzunehmen.

6 Einpflanzen

Die Setzlinge mitsamt Erde durch leichtes Drehen vorsichtig aus den Töpfen lösen. In das Loch setzen und die Erde rundherum gut andrücken. Jeden Setzling reichlich wässern.

7 Wachstum verfolgen!

Jeden Setzling mit einer Pflanzenmarkierung versehen, damit Sie nicht vergessen, wo was wächst. Wünschen Sie den Pflanzen Glück. Regelmäßig gießen und von Unkraut befreien. Hin und wieder düngen.

Mit diesem Salat können Sie die ganze Pracht Ihres Gartens genießen. Kombinieren Sie bittere, würzige und milde Salatsorten, zum Beispiel Radicchio, Rucola, Kopfsalat und jungen Spinat. Zeigen Sie Ihren Kindern, wie man Salat sowie Kräuter frisch erntet, wäscht und trocken schleudert. Sie dürfen auch beim Marinieren helfen.

Gartensalat mit Ziegenfrischkäse

200 g gemischter Blattsalat, in mundgerechte Stücke geteilt

3 EL gemischte, frisch gehackte Kräuter, zum Beispiel Estragon, Petersilie, Dill, Kerbel und Schnittlauch, in beliebiger Kombination

kalt gepresstes Olivenöl

grobes Meersalz und schwarzer Pfeffer aus der Mühle

1 Prise Zucker

Weißweinessig

250 g Ziegenfrischkäse, zerkrümelt

Für 6–8 Personen

Blattsalat und Kräuter in einer großen Schüssel vermengen. Mit etwas Öl beträufeln und dieses untermengen. Mit Salz, Pfeffer und Zucker würzen.

Mit ein bis zwei Teelöffeln Essig beträufeln und vermischen. Eventuell nochmals mit Salz, Pfeffer sowie Essig abschmecken.

Den Ziegenkäse zufügen und den Salat sofort servieren.

Varianten

Reichern Sie grüne Salate mit Zutaten der Saison an:

Fügen Sie im Frühjahr blanchierte grüne Spargelstücke, blanchierte Zuckerschoten oder Artischockenherzen hinzu. Mit gewürfeltem jungem Pecorino bestreuen.

Im Sommer bieten sich vollreife Kirsch- oder Strauchtomaten und Salatgurken an.

Im Herbst können Sie saftige Äpfel und Birnen oder aromatische Granatapfelkerne in den Salat mischen.

Die Zitrusfrüchte des Winters, zum Beispiel Mandarinen, Grapefruits oder Orangen, eignen sich gut für Salate. Mandeln, Pekannüsse oder Pinienkerne sorgen für eine knusprige Textur. Gorgonzolastücke oder Parmesanspäne bringen zusätzliche Würze.

Diese süß-sauren Gurken schmecken unwiderstehlich gut. Sie passen zu belegten Broten oder gegrilltem Fleisch und sind eine wichtige Zutat für eine selbst gemachte Sauce tartare. Ältere Kinder können Gurken und Zwiebeln bereits ohne Aufsicht schneiden, kleinere dürfen beim Abfüllen der Gurken helfen.

Selbst gemachte Essiggurken

Ein Glasgefäß (1 Liter Fassungsvermögen) mit Schraubdeckelverschluss bereithalten. Salatgurke oder Einlegegurken waschen und mitsamt Schale in 3 mm dicke Scheiben schneiden. In einer hitzebeständigen Schüssel mit der Zwiebel vermengen.

Essig, Zucker, Salz, Sellerie- sowie Senfsamen und Lorbeerblätter in einem Edelstahltopf unter Rühren zum Kochen bringen. Kochend heiß über die Gurken-Zwiebel-Mischung gießen, anschließend auf Raumtemperatur abkühlen lassen. Die Gurken mitsamt Flüssigkeit in das Glas abfüllen, sorgfältig verschließen und kühl stellen. Die Gurken sind bis zu ein Monat lang haltbar.

1 Salatgurke oder 6 Einlegegurken (etwa 500 g)

1 weiße Zwiebel, in feine Scheiben geschnitten

500 ml Weißweinessig

180 g Zucker

50 g grobes Meersalz

1 TL Selleriesamen

1 TL Senfsamen

2 Lorbeerblätter

Ergibt 1 Liter

Tipp

Wenn die Gurken länger haltbar sein sollen, zusammen mit der Zwiebel in ein sauberes, sterilisiertes Einmachglas (1 Liter Fassungsvermögen) geben. Bis 1 cm unter den Rand mit heißer Essigmischung füllen. Das Glas sorgfältig verschließen und für zehn Minuten in ein heißes Wasserbad geben. Auf den Kopf stellen und vollständig abkühlen lassen. Umdrehen und den Deckel in der Mitte eindrücken. Wenn er sich nicht wieder aufwölbt, können Sie die Gurken an einem kühlen, dunklen Ort bis zu ein Jahr lang aufbewahren. Falls der Deckel eingedrückt bleibt, die Gurken im Kühlschrank lagern und innerhalb von einem Monat aufbrauchen.

Ich esse Minestrone, seitdem ich denken kann. Die beste kochte meine Urgroßmutter Nana DiGregorio aus Italien. Im Sommer kamen unzählige Gemüsesorten aus ihrem Garten hinein, im Winter gab sie aromatische, selbst eingelegte Tomaten in die Brühe. Glückseligkeit bedeutete, vor einem riesigen Teller Suppe zu sitzen und Brot darin einzuweichen, bis es sich auflöste. Erst dann begann ich das Gemüse, das auf den Boden gesunken war, aufzulöffeln. Manchmal fand ich darin ein Stück halb geschmolzenen Parmesan. Das war dann so, als ob man einen Schatz gefunden hätte.

Als ich meinen Kindern das erste Mal Minestrone vorsetzte, rümpften sie die Nase. Ich war fassungslos. Ich dachte, sie würden sie genauso lieben wie ich als Kind. Ich erzählte ihnen von Nanas Suppe und dass ich sie nur besuchte, um Minestrone essen zu können. Da nahmen die Kinder einen Löffel von der Suppe, die ich mit so viel Liebe zubereitet hatte und die für mich mit glücklichen Erinnerungen verbunden war. Nach dem nächsten Löffel aßen sie bereits mit Appetit und wetteiferten um das Brot. Am nächsten Tag nahm meine Älteste die Reste mit in die Schule und erzählte ihren Freunden von der Suppe meiner Urgroßmutter. Sie wurde zur Schul-Legende, und unser Familienrepertoire wurde um ein Lieblingsrezept erweitert.

Sie können alle Gemüsearten verwenden, die Sie besonders mögen, um Ihr eigenes Familienrezept für Minestrone zu kreieren: frische Erbsen, Kartoffeln, Sommerkürbis, Mais oder Grüne Bohnen.

Meine ganze Familie liebt diese vegetarische Minestrone. Ich serviere sie häufig zusammen mit knusprigem Brot und grünem Salat, wenn wir überraschend Gäste zum Abendessen haben. Heben Sie Parmesanrinde auf, frieren Sie sie ein und kochen Sie ein Stück davon in der Suppe mit, das verfeinert die Brühe. Noch aromatischer schmeckt sie, wenn man anstelle von Wasser Gemüsebrühe verwendet.

Vegetarische Minestrone

kalt gepresstes Olivenöl

2 große Knoblauchzehen, geschält

2 Möhren, gewürfelt

1 kleine Zwiebel, gewürfelt

1 Stängel Staudensellerie, fein geschnitten

grobes Meersalz und Pfeffer aus der Mühle

200 g Tomaten aus der Dose, gewürfelt, mitsamt Saft

1 Lorbeerblatt

2 große Salbeiblätter

400 g Cannellini-Bohnen, gekocht (siehe Seite 281) oder aus der Dose

200 g Grünkohl oder Mangold, fein gehackt

130 g Tubettini (kurze Röhrennudeln)

geriebener Parmesan

Für 8–10 Personen

Einen großen Suppentopf erhitzen. Einen Esslöffel Olivenöl zufügen und den Knoblauch darin etwa eine Minute anbraten. Möhren, Zwiebel und Sellerie zugeben. Unter häufigem Rühren drei bis vier Minuten anbraten. Mit Salz und Pfeffer würzen.

Tomaten, Lorbeer, Salbei und ein 5 cm langes Stück Parmesanrinde (optional, siehe oben) einrühren. So viel Wasser angießen, bis das Gemüse 5 cm hoch bedeckt ist. Das Ganze etwa 30 Minuten ohne Deckel köcheln lassen. Bohnen, Grünkohl oder Mangold zugeben und die Suppe nochmals 20–30 Minuten köcheln lassen. Mit Salz und Pfeffer abschmecken.

Kurz vor Ende der Garzeit die Nudeln in reichlich Salzwasser nach Packungsanweisung bissfest garen. Abgießen, gut abtropfen lassen und auf vorgewärmte Suppenschalen verteilen. Dann die heiße Minestrone darübergeben. Jede Portion mit Olivenöl beträufeln, mit reichlich Parmesan bestreuen und servieren.

Als ich neulich dieses Püree zubereitete, steckten die Kinder die Finger in die Schüssel und versuchten, happenweise davon zu naschen. Ich musste sie mit einem Klaps vertreiben, sonst hätten wir zum Abendessen keine Beilage gehabt. Achten Sie bei den Kartoffeln auf gute Qualität.

Cremiges Kartoffelpüree

grobes Meersalz

1 kg mehlig kochende Kartoffeln, geschält und geviertelt

3 große Knoblauchzehen (optional)

125 ml Milch

125 g Sahne

2 EL Butter

1 Prise frisch geriebene Muskatnuss

Für 6–8 Personen

Einen Topf zu drei Vierteln mit Wasser füllen. Zwei Esslöffel Salz, Kartoffeln und Knoblauch (falls verwendet) zufügen. Zum Kochen bringen. Die Hitze reduzieren und die Kartoffeln offen etwa 30 Minuten lang garen. In ein Sieb abgießen.

Die heißen Kartoffeln durch eine Kartoffelpresse in eine große Schüssel drücken oder mit einem Kartoffelstampfer zerdrücken. Die Schüssel mit einem Tuch abdecken, damit die Kartoffeln warm bleiben.

Milch, Sahne und Butter in einem kleinen Topf zum Sieden bringen. Die Mischung mit einer Gabel unter die Kartoffelmasse mengen, dann mit einem Schneebesen kräftig durchrühren. Muskatnuss unterrühren. Das Püree mit Salz abschmecken und sofort servieren.

Varianten

Ersetzen Sie die Sahne durch Crème fraîche oder Sauerrahm, oder fügen Sie kurz vor dem Servieren einen Esslöffel Schnittlauchröllchen oder gehackten Dill hinzu. Sie können auch Knollensellerie oder Pastinaken weich garen, pürieren und zum Schluss unter das Püree rühren, das verleiht zusätzliches Aroma.

Wenn man Gemüse im heißen Ofen gart, kommt das natürliche Aroma erst richtig zur Geltung. Spargel, Rosenkohl und Brokkoli werden zu einem völlig neuen Geschmackserlebnis. Die Zubereitungsart ist denkbar einfach und das Resultat wirklich köstlich.

Gebackener Blumenkohl

Ofen auf 220 °C vorheizen. Den Blumenkohl für einige Minuten in kaltes Wasser legen, dann gut abbrausen. Die äußeren, grünen Blätter sowie den Strunk entfernen und den Kopf halbieren. Die Hälften in 1,5 cm dicke Scheiben schneiden.

Ein Backblech mit dem Öl beträufeln und gleichmäßig mit dem Salz bestreuen. Die Blumenkohlscheiben in Öl und Salz wenden, dann in einer Lage auf dem Blech verteilen.

15 Minuten im Ofen garen. Wenden und nochmals 10–15 Minuten braten. Die Blumenkohlscheiben auf eine Platte legen, eventuell mit Chiliflocken bestreuen und umgehend servieren.

1 Kopf Blumenkohl, (etwa 750 g)

3 EL kalt gepresstes Olivenöl

1 TL Meersalz

¼ TL Chiliflocken (optional)

Für 4–6 Personen

Gemüse lässt sich wunderbar grillen. Wenn es vorher nur mit hochwertigem Olivenöl, feinem Meersalz und frischem Pfeffer mariniert wird, unterstreicht das den Eigengeschmack der jeweiligen Sorte sehr gut. Ich mag grünen Spargel, Kartoffelscheiben und jungen Lauch vom Grill, doch die Wahl des Gemüses bleibt Ihnen überlassen.

Gegrilltes Gemüse

Gemüse waschen und putzen. Auberginen, Zucchini und Kürbis längs in 5 mm dicke Scheiben schneiden. In eine große Schüssel geben. Paprikaschoten halbieren, entkernen und das Fruchtfleisch in 2,5 cm dicke Streifen schneiden. Champignons von den Stielen befreien, die Hüte vierteln. Zwiebeln schälen und in dicke Spalten schneiden. Alles in die Schüssel geben.

60 ml Olivenöl, Thymian, Salz und Pfeffer zufügen und gut vermengen. 15–20 Minuten durchziehen lassen. Vor dem Grillen nochmals durchmischen.

Inzwischen einen Holzkohlegrill oder den Backofengrill vorheizen. Einen sauberen Grillrost mit Öl bestreichen. Fünf Minuten auf den heißen Grill legen beziehungsweise in den Ofen schieben, damit das Öl verbrennt.

Das Gemüse portionsweise auf den Rost legen und auf jeder Seite zwei bis drei Minuten grillen. Die Zwiebeln für die Rote-Zwiebel-Vinaigrette ebenfalls grillen. Das gegrillte Gemüse auf einer Platte arrangieren, mit Öl oder Roter-Zwiebel-Vinaigrette beträufeln und servieren.

2 kleine Auberginen

1 kleine Zucchini

1 kleiner gelber Kürbis

1 kleine rote Paprikaschote

1 kleine gelbe Paprikaschote

2 große Champignons

2 rote Zwiebeln

kalt gepresstes Olivenöl

2 TL frisch gehackter Thymian

Meersalz und schwarzer Pfeffer aus der Mühle

Öl für den Grillrost

Rote-Zwiebel-Vinaigrette (siehe Seite 280, optional)

Für 4–6 Personen

Im Sommer sind viele Tomatensorten auf dem Markt: Eier-, Fleisch-, Strauch- und Kirschtomaten. Mit einer Mischung aus roten und gelben Tomaten wird dieser Salat appetitlich bunt. Die Kinder dürfen die Basilikumblätter von den Stielen zupfen und die verschiedenfarbigen Tomatenscheiben auf einer Platte auslegen.

Tomaten-Mozzarella-Salat mit Pesto

Für das Pesto

grobes Meersalz und schwarzer Pfeffer aus der Mühle

50 g frische Basilikumblätter

2 EL Pinienkerne, leicht geröstet

1 Knoblauchzehe

60 ml kalt gepresstes Olivenöl

Für den Salat

500 g vollreife Tomaten, verschiedene Sorten und Größen

200 g gelbe und rote Kirschtomaten

2 EL kalt gepresstes Olivenöl

250 g Mozzarella oder Mini-Mozzarella

Für 4–6 Personen

Für das Pesto einen Liter Wasser zum Kochen bringen und zwei Esslöffel Salz zufügen. Die Basilikumblätter darin 30 Sekunden blanchieren, damit ihre grüne Farbe erhalten bleibt. In einem Sieb kalt abschrecken, mit den Händen ausdrücken und in einen Mixer geben. Pinienkerne sowie Knoblauch zufügen und kräftig durchmixen. Mit ¼ Teelöffel Salz und etwas Pfeffer würzen. Das Öl bei laufendem Mixer in einem dünnen Strahl einfließen lassen, bis eine feine Paste entsteht. Mit Salz und Pfeffer abschmecken und in eine Schüssel geben. Die Schüssel mit Frischhaltefolie abdecken, wenn das Pesto nicht innerhalb von zwei Stunden verzehrt wird.

Tomaten waschen. Große Tomaten vom Stielansatz befreien und in 5 mm dicke Scheiben schneiden. Kirschtomaten halbieren. Die Tomaten auf einer Platte arrangieren. Mit 2 Esslöffeln Öl beträufeln, mit Salz und Pfeffer bestreuen.

Mozzarella in dünne Scheiben schneiden, Mini-Mozzarella halbieren. Auf die Tomaten setzen. Etwas Pesto mit einem Teelöffel auf dem Tomaten-Mozzarella-Salat verteilen. Mit Pfeffer übermahlen und servieren. Restliches Pesto am Tisch reichen.

Meine Töchter und deren Freundinnen sind ganz wild auf diese Puffer und bitten mich ständig, sie mit ihnen zu backen. Sie dürfen den Teig rühren, doch das Frittieren der Puffer übernehme natürlich ich. Die Maiskörner sollten schön reif sein. Limettensaft bringt die Süße der Körner zur Geltung, deshalb sollten die Puffer vor dem Verzehr reichlich damit beträufelt werden.

Maispuffer

Maiskörner in einer Schüssel mit dem Limettensaft vermischen. Ei, Milch und Butter verquirlen. Mehl, Maismehl, Backpulver, Salz und Cayennepfeffer in einer großen Schüssel vermengen. Die Eimischung rasch unterrühren, dann die Maiskörner untermischen.

Einen tiefen Topf 2,5 cm hoch mit Rapsöl befüllen und dieses auf 180 °C erhitzen (Temperatur mit einem Kochthermometer prüfen). Ein Backblech mit zwei Lagen Küchenkrepp belegen und in die Nähe des Topfes stellen.

Den Teig esslöffelweise in das heiße Öl geben, dabei portionsweise arbeiten, damit der Topf nicht zu voll wird. Die Puffer auf jeder Seite etwa zwei Minuten frittieren. Mit einem Schaumlöffel herausnehmen und auf dem Küchenkrepp abtropfen lassen. Die heißen Puffer in einen mit einer Stoffserviette ausgelegten Korb legen und sofort mit den Limettenspalten servieren.

Varianten

Für herzhafte Puffer je einen Teelöffel gehackte Frühlingszwiebeln und frisch gehacktes Koriandergrün sowie 30 g geriebenen Käse unter den Teig mischen. Wenn sie süßer sein sollen, die heißen Puffer mit Puderzucker bestäuben, aber trotzdem Limettenspalten dazu reichen.

300 g frisch ausgelöste Maiskörner (von etwa 3 Kolben), gehackt

2 TL frisch gepresster Limettensaft

1 großes Ei

125 ml Milch

2 EL Butter, zerlassen und abgekühlt

130 g Mehl Type 405

50 g feines Maismehl

1 TL Backpulver

¾ TL grobes Meersalz

1 Prise Cayennepfeffer

kalt gepresstes Rapsöl zum Frittieren

Limettenspalten zum Servieren

Ergibt etwa 24 Puffer

Diese klassische libanesische Vorspeise wird mit reichlich Petersilie zubereitet, die im Juli in meinem Garten büschelweise wächst. Der Salat steckt voller Nähr- und Ballaststoffe und schmeckt sehr erfrischend – ein idealer Begleiter zu den würzigen Speisen der Küche des Nahen Ostens.

Taboulé

200 g Bulgur

grobes Meersalz und schwarzer Pfeffer aus der Mühle

250 ml kochendes Wasser

1 Salatgurke

1 große, vollreife Tomate

50 g frisch gehackte Petersilie

1 EL frisch gehackte Pfefferminze

2 EL fein gehackte Frühlingszwiebeln (mitsamt dem zarten Grün)

60 ml frisch gepresster Zitronensaft

3 EL Olivenöl

1 Msp. gemahlenes Piment

Für 4–6 Personen

Bulgur in eine große, hitzebeständige Schüssel geben. Einen Teelöffel Salz im kochenden Wasser auflösen und dieses über den Bulgur gießen. Die Schüssel gut mit Frischhaltefolie abdecken und den Bulgur bei Raumtemperatur 30 Minuten quellen lassen.

Gurke schälen, halbieren, entkernen und fein würfeln. Tomate waschen, halbieren, ebenfalls entkernen und fein würfeln. Gurke und Tomate zusammen mit den restlichen Zutaten zum Bulgur geben und alles gut vermengen. Mit Salz und Pfeffer würzen. Das Taboulé bei Raumtemperatur mindestens eine Stunde durchziehen lassen. Vor dem Servieren nochmals mit Salz und Pfeffer abschmecken.

Früher habe ich panierte Auberginen in Öl frittiert, fand aber, dass sie zu viel Fett aufsaugen und matschig werden. Heute gare ich sie im Ofen, das ist leichter, außerdem schmecken die Auberginen aromatischer. Verwenden Sie möglichst pralle Eierfrüchte mit glatter Haut.

Überbackene Auberginen

Ofen auf 200 °C vorheizen. 60 Milliliter Öl auf einem tiefen Backblech verteilen. Auberginen waschen, putzen und quer in 5 mm dicke Scheiben schneiden. Mehl, Eier und Semmelbrösel jeweils in einen tiefen Teller geben. Eier verquirlen. Jeden Tellerinhalt mit einem Teelöffel Salz und etwas Pfeffer würzen. Die Hälfte des Parmesans unter die Semmelbrösel mischen.

Die Auberginenscheiben nacheinander im Mehl wenden, kurz abklopfen und durch die Eimischung ziehen. Dann in den Semmelbröseln wenden und diese auf beiden Seiten leicht andrücken. Die panierten Auberginenscheiben auf das Blech legen.

15 Minuten im Ofen garen, wenden und nochmals 15 Minuten backen. Herausnehmen und fünf bis zehn Minuten abkühlen lassen. Den Ofen nicht ausschalten.

Eine Backform mit dem restlichen Öl bestreichen. Die Auberginenscheiben abwechselnd mit den Mozzarellascheiben übereinanderschichten. Gleichmäßig mit Tomaten-Basilikum-Sauce bedecken und mit dem restlichen Parmesan bestreuen. Etwa 30 Minuten im Ofen garen. Vor dem Servieren zehn Minuten ruhen lassen.

75 ml kalt gepresstes Olivenöl

750 g Auberginen

150 g Mehl Type 405

3 große Eier

220 g Semmelbrösel

grobes Meersalz und schwarzer Pfeffer aus der Mühle

60 g geriebener Parmesan

250 g Mozzarella, in Scheiben geschnitten

Tomaten-Basilikum-Sauce (siehe Seite 235)

Für 4–6 Personen

Salzwasser und Süßwasser. Groß und klein. Fleischig und zart. In praktisch allen Farben des Regenbogens. Die Gewässer der Erde schenken uns reiche Ernte.

Fisch

Fische und Meeresfrüchte liefern viele Proteine, sind fettarm und reich an wertvollen Omega-3-Fettsäuren. Überfischung und die Verschmutzung der Meere führen beim Fischgenuss zwar zu Einschränkungen, doch deshalb müssen wir auf dieses Nahrungsmittel nicht gänzlich verzichten. Die Auswahl ist nach wie vor groß, zudem werden viele Fische inzwischen gezüchtet. Bei uns zu Hause kommen sie häufig auf den Tisch, gegrillt, gebraten oder gebacken. Wir essen mindestens einmal pro Woche Fisch oder Meeresfrüchte, und wir freuen uns immer auf das köstliche Mahl.

Die Flüsse, Seen und Ozeane der Welt sind von unvorstellbar vielen Fischarten und Meeresfrüchten bevölkert. Alles, was Sie brauchen, um diese Vielfalt genießen zu können, sind frische Ware und ein paar tolle Rezepte.

»Fischers Fritz fischt ...«

Diese im Wasser lebende Tierart gibt es in allen erdenklichen Formen, Größen und Farben. Sie kommt in Süß- und Salzwasser vor. Manche Fische haben zartes, andere kompaktes, festes Fleisch. Ihr Geschmack hängt davon ab, was sie fressen und wie viel Fett ihr Körper enthält. Wild lebende Fische schmecken aufgrund des unterschiedlichen Futterangebots zu jeder Jahreszeit anders. Ihre gezüchteten Artgenossen erhalten stets das gleiche Futter und werden unter konstanten Verhältnissen aufgezogen, damit der Markt mit gleichbleibender Qualität versorgt werden kann. Kein anderer Proteinlieferant ist so vielfältig wie Fisch, mit ihm können Sie einen äußerst abwechslungsreichen Speiseplan gestalten.

Platt oder rund

Bei Speisefischen unterscheidet man zwischen Platt- und Rundfischen. Bekannte Plattfische sind Seezunge, Heilbutt, Steinbutt, Flunder und Scholle. Sie haben ein delikat schmeckendes Fleisch und sind meist bereits filetiert erhältlich. Der Heilbutt zählt zu den größten Plattfischen und kann ein Gewicht von 300 Kilogramm erreichen. Sein fettarmes, wohlschmeckendes Fleisch kommt als Filet oder Steak in den Handel.

Zu den kleineren Rundfischen gehören Heringe, Sardinen, Makrelen, Lachse und Forellen. Sie werden auch im Ganzen verkauft, während Schwert- und Thunfische, die größten Exemplare dieser Familie, in Form von fleischigen Steaks angeboten werden.

Feste Fischfilets und ganze Fische lassen sich hervorragend im Ofen garen, braten, dünsten oder grillen. Zarte Fischfilets eignen sich zum Dünsten oder Dämpfen, da sie keine allzu große Hitze vertragen. Feste Steaks von Thun- oder Schwertfisch kann man gut grillen, man sollte das Gargut dabei aber genau im Auge behalten, damit es nicht zu trocken wird.

Meeresfrüchte

Viele Leute können sich nicht für Fisch begeistern, doch von Meeresfrüchten können sie nicht genug bekommen. Das ist nicht weiter verwunderlich, denn das Fleisch von Garnelen, Krabben und Hummern schmeckt wirklich köstlich.

Garnelen

Zu den Tiefseegarnelen zählen Shrimps und Krevetten. Sie sind rosafarben und 6–12 cm lang. Ihr Fleisch hat einen leicht nussigen Geschmack. Sie kommen meist aus nördlichen Küstengebieten oder werden auf Aquafarmen gezüchtet. Zur Gruppe der Riesengarnelen gehören Gambas und Prawns beziehungsweise Tigergarnelen. Riesengarnelen werden bis zu 26 cm lang, sie kommen im Indischen und Atlantischen Ozean, an den Küsten Südamerikas sowie Afrikas vor. Bei uns sind Gambas und Prawns roh, gekocht oder tiefgefroren, ganz, ohne Kopf, mit und ohne Schale erhältlich. Kaufen Sie rohe oder tiefgefrorene Riesengarnelen möglichst mit Schale. Das Auslösen des Fleisches nach dem Garen ist zwar etwas mühsam, doch es bleibt mehr Aroma erhalten.

Krabben

Sind Krebstiere und unwahrscheinlich artenreich. Die meisten leben im Meer, einige aber auch im Süßwasser oder an Land. Taschenkrebse gibt es in den verschiedensten Farbschattierungen. Große Krebse findet man im Atlantik, an der Nordseeküste sowie an der kalifornischen Küste. Flusskrebse sehen wie Hummer aus und benötigen sehr sauberes Süßwasser, um überleben zu können. Weltweit gibt es

MEERESFRÜCHTE GAREN

Reichlich Wasser in einem großen Topf zum Kochen bringen. 1 geviertelte Zwiebel, den Saft von 1 Zitrone, 2 Lorbeerblätter sowie 3 Esslöffel grobes Meersalz pro 6 Liter Wasser zufügen. 5 Minuten köcheln lassen, dann die jeweiligen Meeresfrüchte im Ganzen zugeben. Tiefseegarnelen etwa 4 Minuten, Riesengarnelen 6 Minuten kochen, bis sie rosa sind. Bei Krabben und Hummer rechnet man für 500 g 7 Minuten Garzeit, plus 3 Minuten je zusätzliche 500 g. Mit einem Schaumlöffel herausnehmen und gut abtropfen lassen. Warm oder kalt servieren.

etwa 300 Flusskrebsarten, davon sind 250 in Nordamerika beheimatet. Sie gelten als ausgesprochene Delikatesse.

Krabben werden im Ganzen, dann meist lebend oder gekocht angeboten. Bei Flusskrebsen werden die Schwänze oft ausgebrochen und dann in Salzlake verkauft. Bereits gegartes Krebsfleisch ist in Konservendosen oder im Kühlregal erhältlich.

Hummer

Sind im voll ausgewachsenen Zustand bis zu 70 cm lang und neun Kilogramm schwer. Die meisten Tiere, die auf den Tisch kommen, sind jedoch nur etwa 30 cm lang und wiegen ungefähr ein Kilogramm. Um die Population zu schützen, dürfen in vielen Ländern keine Exemplare unter 21 cm Länge gefangen werden. Das meiste Fleisch sitzt in Schwanz und Scheren. Hummer werden meist lebend, mit verschnürten Scheren, verkauft, da sich im Fleisch von toten Tieren relativ rasch Giftstoffe entwickeln, die zu Lebensmittelvergiftungen führen können.

Belasteter Fisch

Bei Fischen und Meeresfrüchten wird vor Schadstoffen und Medikamentenrückständen gewarnt. Sofern Sie sich nicht ausschließlich von Fisch ernähren, werden Sie aber kaum die in Deutschland geltenden Schadstoffgrenzwerte überschreiten. Fische aus dem offenen Meer enthalten meist weniger Schadstoffe als solche aus verschmutzten Flüssen, Küsten- und Binnenmeeren wie der Ostsee. Umweltschutzvereine wie Greenpeace veröffentlichen regelmäßig Listen mit Fischarten, deren Bestand entweder wegen Überfischung stark gefährdet ist oder auf deren Verzehr verzichtet werden sollte, weil die Grundschleppnetz-Fischerei den Meeresboden zu stark schädigt. Fische wie den Viktoriabarsch sollte man eher meiden, weil die Ansiedelung dieser Fischart das Ökosystem des Viktoriasees völlig aus dem Gleichgewicht gebracht hat. Es ist auch Teil einer bewussten Ernährung, dazu beizutragen, dass die wunderbare Vielfalt unserer Meere erhalten bleibt. Achten Sie beim Kauf auf Ware aus nachhaltigem Fang.

Auch Fische haben Saison

Da Fische und Meeresfrüchte das ganze Jahr über auf dem Markt sind, vergisst man gerne, dass es auch für Fische eine ideale Fangzeit gibt. Bei der Scholle ist es zum Beispiel das Frühjahr, da ist ihr Fleisch besonders zart, und sie kommt unter der Bezeichnung »Maischolle« in den Handel. Thunfische, Lachse, Sardinen und Heringe leben in großen Schwärmen, die zu bestimmten Jahreszeiten wandern und dann gut abgefischt werden können. Frischen Wildlachs gibt es in den Sommermonaten und im Dezember. Lachs wird vielfach gezüchtet, der geschmackliche Unterschied zwischen Wild- und Zuchtlachs ist jedoch eklatant. Wildlachs ist zwar recht teuer, doch sein edles Fleisch muss ja nicht ständig auf Ihrem Speiseplan stehen. Fragen Sie den Fischhändler Ihres Vertrauens, welcher Fisch gerade Saison hat.

Fische kaufen

Selbst gefangener Fisch ist natürlich am frischesten. Wenn Sie aber keinen Angler in der Familie oder im Freundeskreis haben, sollten Sie Fisch möglichst im Fachhandel kaufen. Fischgeschäfte werden täglich mit frischer Ware beliefert und sind darauf angewiesen, gute Qualität zu bieten, da sonst die Kunden fernbleiben. Außerdem können Sie sich dann vor Ort beraten lassen oder den Händler bitten, einen Fisch für Sie zu filetieren. Tiefgefrorener Fisch oder tiefgefrorene Meeresfrüchte sind manchmal eine gute Alternative. Achten Sie darauf, dass der Fang gleich auf dem Schiff verarbeitet und eingefroren wurde. Auf der Packung befindet sich dann der Hinweis »seafrosted« oder »seegefrostet«.

Frischer Fisch sollte niemals nach Fisch riechen, sondern nach der Frische des Meeres duften. Süßwasserfische sind fangfrisch erhältlich, wenn sie der Händler bis zum Verkauf lebend im Bassin hält. Auch am Aussehen lässt sich erkennen, ob ein Fisch frisch ist. Ganze Fische sollten rosafarbene Kiemen und festanliegende Kiemendeckel haben. Die Augen müssen klar und hervorstehend sein, wenn sie milchig oder eingefallen sind, ist der Fisch nicht frisch. Bei Filets sollte das Fleisch fest und glasig sein und keine angetrockneten Ränder oder gar verfärbte Stellen aufweisen.

Frischen Fisch sollte man so rasch wie möglich zubereiten und maximal einen Tag im Kühlschrank lagern. Kaufen Sie den Fisch zuletzt, wenn Sie Ihre Einkäufe erledigen, damit er nicht zu lange warmen Temperaturen ausgesetzt wird. Zu Hause sofort kühl aufbewahren.

DAS FISCHANGEBOT

Im Fachhandel findet man ein reichhaltiges Angebot an Fischen aus sämtlichen Gewässern dieser Erde. Die folgende Liste zeigt die bei uns beliebtesten Speisefische aus Salz- und Süßwasser. Diese Fischarten hat eigentlich jeder Händler vorrätig.

SALZWASSER

Heilbutt
Hering
Kabeljau (gefährdet)
Rotbarsch (gefährdet)
Sardine
Scholle (gefährdet)
Seelachs (gefährdet)
Seezunge (gefährdet)
Thunfisch (gefährdet)
Wildlachs (gefährdet)

SÜSSWASSER

Forelle (Regenbogen- und Lachsforelle)
Hecht
Karpfen
Saibling
Schleie
Zander

ZUM AUSPROBIEREN ZU HAUSE

Räucherlachs

Wenn Sie Lachs jemals selbst geräuchert haben, werden Sie Ihr hart verdientes Geld nicht mehr in Feinkostläden tragen wollen. Durch seinen hohen Fettgehalt ist Lachs ideal zum Räuchern, doch auch fettärmere Fische wie Heilbutt oder zarte Forelle eignen sich dazu. Außerdem können Sie frischen oder tiefgefrorenen Fisch verwenden. Das Einfrieren entzieht dem Fischfleisch Feuchtigkeit, dadurch wird es beim Räuchern fester.

Ich nehme zum Räuchern am liebsten Erlenholz, doch auch Kirsche, Buche und Eiche eignen sich gut. Das Holz sollte unbedingt naturbelassen und nicht chemisch behandelt sein. Bitte kein Sägemehl verwenden.

Frisch geräucherter Lachs mit Sahnemeerrettich oder Crème fraîche und heißem Toast ist eine köstliche Vorspeise. Fein gehackt und kurz in Sahne erhitzt, ergibt er eine leckere Nudelsauce.

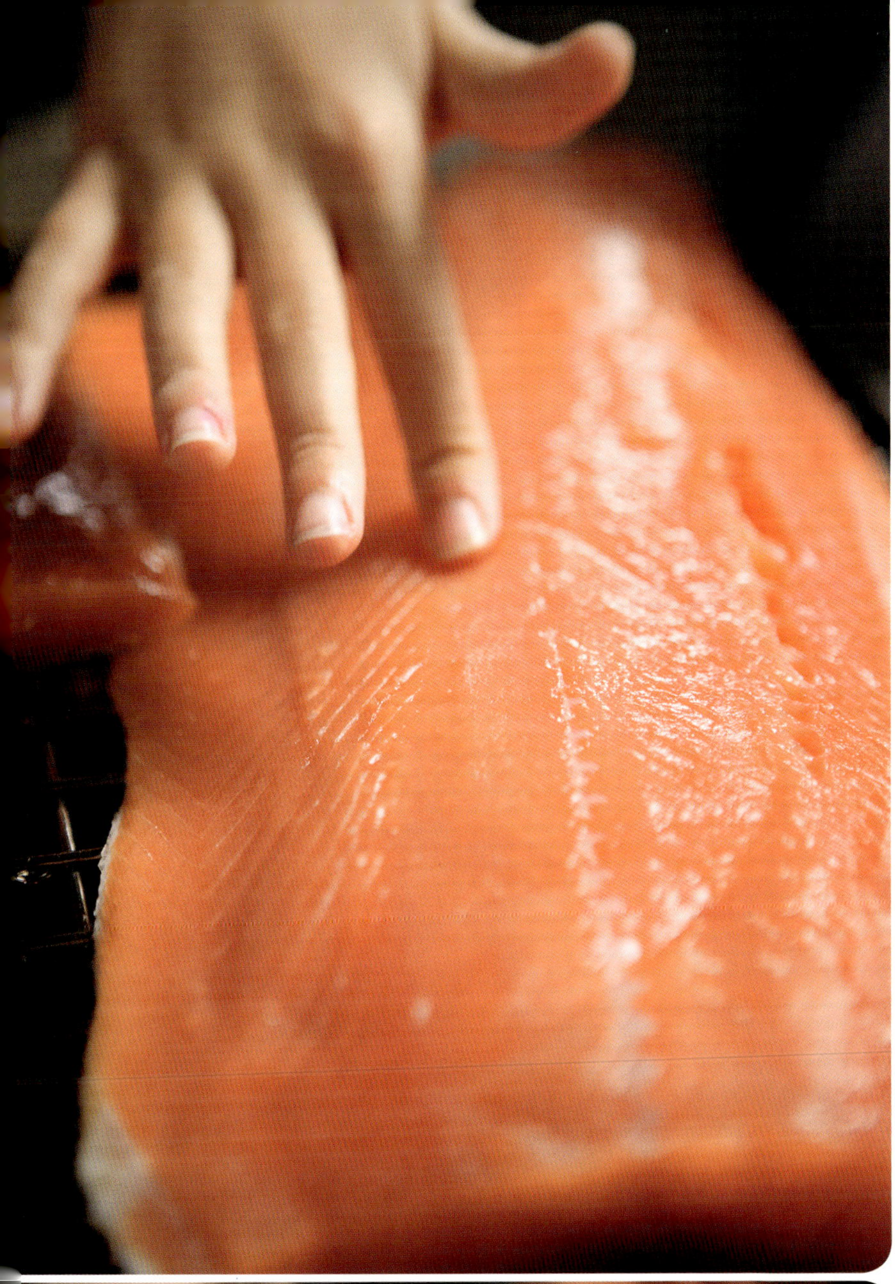

In der Küche räuchern

Eine kleine Räuchervorrichtung lässt sich ganz leicht selbst herstellen.

Sie benötigen

- einen großen Bräter mit Deckel
- eine tiefe, rechteckige Metallpfanne, die in den Bräter passt
- Alufolie
- feine Holzspäne
- einen Gitterrost, der in die Metallpfanne passt

So geht es

Bräter und Metallpfanne mit Alufolie auskleiden. Eine Handvoll Holzspäne in die Mitte des Bräters geben.

Die Metallpfanne daraufsetzen und die Holzspäne damit flachdrücken.

Schritte 1–3 wie auf Seite 160 beschrieben ausführen. Sobald das Fischfilet bereit zum Räuchern ist, den eingeölten Gitterrost mitsamt Fisch in die Pfanne legen. Die Pfanne mit Folie abdichten, den Bräter mit dem Deckel verschließen.

Auf eine heiße Herdplatte oder über eine Gasflamme stellen. Dann fortfahren, wie in Schritt 4 auf Seite 161 beschrieben.

Das benötigen Sie

- **ein flaches, großes Gefäß aus Glas, in dem Fischfilet plus Lauge Platz haben**
- **150 g grobes Meersalz**
- **180 g Roh-Rohrzucker**
- **Schneebesen**
- **750 g Wildlachsfilet mit Haut, etwa 2,5 cm dick**
- **2–3 kleine Teller, um den Lachs zu beschweren**
- **Öl für den Gitterrost**
- **Holzspäne aus Erle, Buche, Kirsche oder Eiche**

1 Lauge anrühren

1,25 Liter kaltes Wasser in das Glasgefäß geben. Salz und Zucker darin mit dem Schneebesen auflösen.

2 Fisch einlegen

Lachs mit der Hautseite nach oben hineinlegen. Mit Tellern beschweren. Im Kühlschrank 2 Stunden durchziehen lassen.

3 Fisch trocknen

Das Fischfilet kalt abspülen und trocken tupfen. Auf einen eingeölten Gitterrost legen. An einem kühlen Ort nicht zugedeckt mindestens 2 Stunden oder über Nacht trocknen lassen, bis sich eine schimmernde Haut gebildet hat.

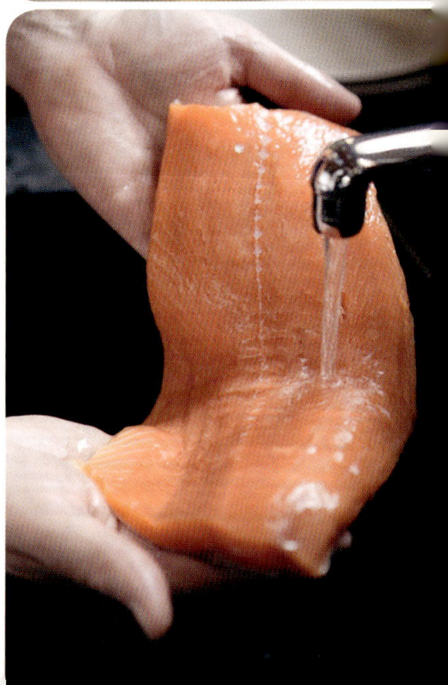

4 Räuchern vorbereiten

Gekauftes Räuchergerät nach Herstelleranweisung vorbereiten oder ein selbst gemachtes (siehe Seite 159) zur Hand nehmen. Fisch hineinlegen, abdecken und das Gerät auf den Herd stellen.

5 Räuchern

Dunstabzugshaube auf höchste Stufe stellen. Herdplatte oder Gasflamme aufdrehen und den Lachs bei mittlerer Hitze 20–25 Minuten räuchern. Sobald er Saft abgibt, ist er fertig.

6 Aufessen!

Den Gitterrost mitsamt Fisch mithilfe von zwei Grillzangen herausnehmen. Lachs vollständig abkühlen lassen. Dann offen in den Kühlschrank legen, bis er gut durchgekühlt ist. Fest in Frischhaltefolie wickeln und innerhalb von 3 Tagen aufbrauchen. Tiefgekühlt ist der Räucherlachs bis zu 3 Monate lang haltbar.

Bagels mit Doppelrahmfrischkäse und Lachs werden in den USA gerne zum Brunch serviert. Das Zusammensetzen dieser Sandwiches macht nicht nur Kindern, sondern auch Erwachsenen Spaß. Wenn der Lachs dann auch noch selbst geräuchert ist, steht einem köstlichen Sonntagsfrühstück nichts mehr im Wege! Sie müssen nur die Zutaten bereitstellen, dann kann jeder sein eigenes Sandwich belegen.

Bagel-Sandwiches

250 g Doppelrahm-frischkäse

1 EL frisch gehackter Dill

2 EL Schnittlauchröllchen

2 EL Kapern, abgetropft und gehackt

1 EL frisch gepresster Zitronensaft

grobes Meersalz und schwarzer Pfeffer aus der Mühle

4–6 Mohn- oder Vollkornbagels

½ Gurke, ungeschält in sehr dünne Scheiben geschnitten

250–350 g Räucherlachs, grob gewürfelt

1 rote Zwiebel, in dünne Ringe geschnitten (optional)

Ergibt 4–6 Sandwiches

Doppelrahmfrischkäse, Dill, Schnittlauch, Kapern und Zitronensaft in einer Schüssel gründlich verrühren. Mit Salz und Pfeffer abschmecken. Vorsichtig salzen, da der Lachs bereits recht salzig ist.

Bagels halbieren und toasten. Jede Hälfte mit etwa eineinhalb Esslöffeln Frischkäsemischung bestreichen.

Gurkenscheiben jeweils auf die untere Bagelhälfte platzieren und das Loch in der Mitte mit einer Gurkenscheibe verschließen.

Lachs gleichmäßig auf den Gurkenscheiben verteilen. Zwiebelringe, falls verwendet, darüberlegen. Jeweils die obere Bagelhälfte daraufsetzen und die Sandwiches leicht zusammendrücken. Sofort servieren.

Mein Mann und ich mögen unsere Shrimps gerne scharf, die Kinder nicht. Deshalb halbiere ich die Semmelbrösel und würze nur eine Hälfte mit Cayennepfeffer. Diese knusprigen Shrimps sind schnell gemacht und schmecken wirklich lecker. Sie sind auch ein toller Partysnack, verdoppeln oder verdreifachen Sie einfach die Zutaten.

Shrimps mit Zitronenmayonnaise

Für die Mayonnaise Eigelb und Zitronensaft in einer hitzebeständigen Schüssel verquirlen. Schüssel in ein heißes Wasserbad setzen und das Eigelb etwa 20 Sekunden verrühren. Darauf achten, dass es nicht gerinnt. Aus dem Wasserbad nehmen und Senf, Salz sowie Zucker einrühren. Rapsöl und 2 Esslöffel Olivenöl in einen Messbecher geben. Das Öl unter ständigem Rühren in dünnem Strahl in die Eigelbmischung fließen lassen. So lange rühren, bis die Mayonnaise bindet. Mit Salz und Pfeffer abschmecken. Das Rezept ergibt etwa 125 g Mayonnaise.

Ofen auf 220 °C vorheizen. 60 Milliliter Olivenöl auf ein tiefes Backblech gießen. Mehl, Eiweiße und Semmelbrösel jeweils in einen tiefen Teller geben. Mit je einem Teelöffel Salz vermischen. Brösel nach Belieben mit Cayennepfeffer würzen.

Die Shrimps einzeln in Mehl wenden, durch das Eiweiß ziehen und dann in den Semmelbröseln wälzen. Auf das vorbereitete Blech legen. Fünf Minuten im Ofen garen, dann die Shrimps wenden und nochmals fünf bis sechs Minuten backen, bis sie goldbraun sind. Kurz auf Küchenkrepp abtropfen lassen. Auf eine vorgewärmte Servierplatte legen und sofort servieren. Die Mayonnaise dazu reichen.

Für die Mayonnaise

1 großes, frisches Eigelb

1 EL Zitronensaft

½ TL Dijonsenf

¼ TL grobes Meersalz

¼ TL Zucker

125 ml Rapsöl

2 EL Olivenöl

Für die Shrimps

60 ml Olivenöl

75 g Mehl Type 405

3 große Eiweiß, leicht verquirlt

180 g Semmelbrösel

grobes Meersalz

12 große Shrimps (Garnelen), geschält und vom Darm befreit, mit intakten Schwanzspitzen

Für 4 Personen

Meine Kinder essen diese Küchlein sehr gerne, weil sie eigentlich nur aus köstlichem Krebsfleisch bestehen. Die Masse behutsam vermengen, damit sie bindet. Zartes Krebsfleisch verträgt keine allzu große Hitze, die Küchlein sollten daher nur sanft gebraten werden, sonst zerfallen sie.

Krabbenküchlein

250 g frisches Krebsfleisch, von etwaigen Schalenresten befreit, oder Krebsfleisch aus der Dose, abgetropft

60 g feine Semmelbrösel

60 g gekaufte Mayonnaise oder Zitronenmayonnaise (siehe Seite 165)

1 EL Schnittlauchröllchen

grobes Meersalz und schwarzer Pfeffer aus der Mühle

1 EL Butter

Brunnenkresse oder Kopfsalatblätter zum Servieren

Zitronenspalten zum Servieren

Zitrusvinaigrette (siehe Seite 280), optional

Für 4–6 Personen

Krebsfleisch, Semmelbrösel, Mayonnaise und Schnittlauchröllchen in einer Schüssel vorsichtig vermengen. Das Krebsfleisch sollte dabei nicht zerfasern. Mit Salz und Pfeffer würzen. Aus der Masse mit angefeuchteten Händen sechs gleich große Küchlein formen. Zugedeckt mindestens zehn Minuten oder über Nacht kühl stellen, damit die Semmelbrösel die Flüssigkeit aufnehmen können.

Butter in einer Pfanne erhitzen. Die Küchlein darin pro Seite drei bis vier Minuten goldbraun braten, dabei nicht zu stark bräunen lassen.

Auf Teller setzen und mit Brunnenkresse oder Kopfsalat und Zitronenspalten garnieren. Salat mit Zitrusvinaigrette oder mit Essig und Öl beträufeln. Sofort servieren.

Diese Tacos sind sehr leicht und enthalten so gut wie kein Fett, deshalb ist es so schwierig, nur ein oder zwei davon zu essen! Ich reiche neben Krautsalat Limettenspalten, Sauerrahm, Koriandergrün und eine scharfe Sauce in Schälchen dazu. Dann kann jeder seinen Taco nach Belieben füllen.

Fisch-Tacos mit Krautsalat

Für den Krautsalat Rotkohl, Weißkraut, Koriandergrün, Frühlingszwiebeln, Limettensaft, Zucker, Cayennepfeffer und ½ Teelöffel Salz in einer Schüssel gut vermengen. Bei Raumtemperatur 20 Minuten durchziehen lassen, dann eventuell nachwürzen. Der Salat schmeckt am besten, wenn er vor dem Servieren eine Stunde zugedeckt kühl gestellt wird.

Holzkohlegrill oder Backofengrill vorheizen. Einen Gitterrost mit Öl bestreichen und fünf Minuten auf den Grill oder in den Ofen schieben, damit das Öl verbrennt.

Fischfilet auf beiden Seiten dünn mit Öl bestreichen und mit Salz sowie Pfeffer würzen. Auf den Rost legen und pro Seite drei bis vier Minuten grillen. Die Tortillas in Alufolie wickeln und auf dem Grill erwärmen, dabei hin und wieder wenden. Das Fischfilet auf einen Teller legen und in zwölf Stücke teilen, dabei etwaige Gräten entfernen.

Zum Füllen der Tacos jeweils eine Tortilla auf einen Teller geben, ein Stück Fisch darauflegen und mit Limettensaft beträufeln. Etwas Krautsalat, einen Klecks Sauerrahm, etwas Koriandergrün und einige Tropfen scharfe Sauce daraufgeben (siehe Text oben). Den Taco vorsichtig aufrollen oder zusammenklappen.

Für den Krautsalat

100 g Rotkohl, fein gehobelt

350 g Weißkraut, fein gehobelt

3 EL frisch gehacktes Koriandergrün

2 EL fein gehackte Frühlingszwiebeln

2 EL Limettensaft

½ TL Zucker

1 Prise Cayennepfeffer

grobes Meersalz

Außerdem

Rapsöl

500 g Kabeljaufilet oder anderes festes Fischfilet

schwarzer Pfeffer aus der Mühle

12 Maistortillas, selbst gemacht (siehe Seite 35) oder gekauft

Für 4–6 Personen

Sie können den Fisch in Stäbchenform oder portionsgerecht servieren. Die Kinder finden Stäbchen cool, und die Erwachsenen mögen den Geschmack des Fisches, egal in welcher Form. Ich würze das Paniermehl mit einem Hauch Cayennepfeffer, dieser scheint sich beim Braten zu verflüchtigen, sorgt aber dennoch für mehr Aroma.

Fischstäbchen mit Sauce tartare

125 g Mayonnaise oder Zitronenmayonnaise (siehe Seite 165)

50 g Essiggurken, selbst eingelegt (siehe Seite 137) oder gekauft, fein gehackt

2 EL fein gehackte Petersilie

2 TL Kapern, abgetropft

½ TL Cayennepfeffer

grobes Meersalz

750 g Kabeljaufilet (aus nachhaltigem Fang)

150 g Mehl Type 405

3 große Eiweiß, verquirlt

150 g feines Maismehl

kalt gepresstes Olivenöl

Zitronenspalten zum Servieren

Für 4–6 Personen

Für die Sauce tartare Mayonnaise, Essiggurken, 1 Esslöffel Petersilie, Kapern und ¼ Teelöffel Cayennepfeffer verrühren. Mit Salz würzen, nach Belieben mehr Cayennepfeffer zugeben.

Das Fischfilet in vier bis sechs gleich große Stücke oder in 2,5 cm breite Streifen schneiden. Die Hälfte des Mehls, die Eiweiße und das Maismehl jeweils in einen tiefen Teller geben und mit einem Teelöffel Salz mischen. Maismehl mit restlichem Mehl, Cayennepfeffer und restlicher Petersilie vermengen.

Die Fischstücke oder -stäbchen im Mehl wenden, durch die Eiweiße ziehen und dann im Maismehl wälzen. Auf einen großen Teller legen.

Zwei bis drei Esslöffel Öl in einer großen Pfanne erhitzen. Die Fischstücke oder -stäbchen darin portionsweise pro Seite drei bis vier Minuten lang goldbraun braten. Fertige Fischstücke im Backofen warm halten. Dann auf eine vorgewärmte Platte legen und heiß servieren. Sauce tartare und Zitronenspalten dazu reichen.

Bei goldbraun gebratenem Hähnchen mit knuspriger Haut und saftigem Fleisch kann man darauf wetten, dass jeder am Tisch versucht, sein Lieblingsstück zu ergattern.

Geflügel

Die Ahnen der heutigen Haushühner sind wahrscheinlich bereits im 6. Jahrtausend v. Chr. in China und Indien herumgelaufen. Wer auch immer auf die Idee kam, den ersten Vogel zu fangen, zu rupfen und anschließend zu braten – dieser Trend hat seither nicht nachgelassen. Heute wird Geflügel auf der ganzen Welt verzehrt, und das ist nicht weiter verwunderlich. Es schmeckt gut, ist fettarm, relativ preiswert und kann vielfältig zubereitet werden: im Ganzen, zerlegt, mit oder ohne Knochen, im Ofen, im Topf oder auf dem Grill. Man kann das Fleisch warm oder kalt genießen, ein Sandwich damit belegen oder einen leckeren Salat daraus machen. Fleisch und Knochen ergeben außerdem einen köstlichen Fond, mit dem man viele Gerichte verfeinern kann.

Mit Geflügel lassen sich enorm viele Gerichte zubereiten. Nur wenige Fleischarten sind in der Küche derart abwechslungsreich. Bei Zeitmangel würzt man ein Hähnchen einfach mit Kräutern sowie Salz und gart es im Ofen.

Beliebt und preiswert

Hühnerfleisch gehört zu den weltweit am häufigsten konsumierten Fleischarten. In vielen Ländern der Erde, vor allem in Lateinamerika und Asien, ist es eine bedeutende Eiweißquelle sowie ein wichtiger Vitamin- und Mineralstofflieferant. Die drei größten Erzeugerländer sind die USA, China und Brasilien. Bei der Aufzucht wird darauf geachtet, dass die Tiere möglichst viel Fleisch und wenige Federn (siehe Kasten rechts) haben. Besonders bekömmlich ist das leicht verdauliche »Magergeflügel« (Huhn, Pute, Taube). Doch auch so genanntes »Fettgeflügel« wie Ente oder Gans ist gesund, da der Anteil an ungesättigten Fettsäuren sehr hoch ist.

Starke Qualitätsunterschiede

Man könnte meinen, Huhn sei gleich Huhn, doch hier gibt es erhebliche Geschmacks- und Qualitätsunterschiede. Die verfetteten Tiere, die in Supermärkten angeboten werden, stammen häufig aus Massentierhaltung. Sie leben auf engem Raum und bekommen Antibiotika verabreicht, damit sich keine Krankheiten verbreiten.

Etwas besser ergeht es Masthühnern aus Bodenhaltung. Die Tiere werden in riesigen Ställen gehalten, deren Böden zu einem Drittel mit Strohhäckseln oder anderem Streumaterial bedeckt sein müssen. Die Hühner können ihre angeborenen Verhaltensweisen wie Scharren, Sandbaden oder Flügelschlagen ausüben. Sie sind daher magerer und wohlschmeckender als ihre Artgenossen aus der Massenzucht. Doch auch diesen Tieren werden Medikamente verabreicht, weil sie mit ihrem Kot in Berührung kommen und sich mit Parasiten infizieren können.

Wer absolut sichergehen möchte, unbelastetes Hühnerfleisch zu essen, sollte sich für Bio-Geflügel entscheiden.
Die ökologische Aufzucht unterliegt strengen Auflagen. Die Tiere müssen

ausreichend Auslauf haben, und das Futter muss überwiegend ökologisch erzeugt worden sein. Ein vorbeugender Arzneimitteleinsatz ist verboten.

Truthahn

Er ist der größte Hühnervogel. Sein Fleisch erfreut sich zunehmender Beliebtheit, weil es fettarm, aber vitaminreich ist. Bei der Mastzucht von Truthähnen gelten die gleichen Voraussetzungen wie bei Hühnern: Bio ist auch hier die beste Entscheidung.

In den Handel kommt sowohl das Fleisch von männlichen als auch von weiblichen Tieren. Puten erreichen ein Gewicht von neun bis achtzehn Kilogramm, Truthähne sind meist etwas schwerer. Die männlichen Tiere haben größere Knochen und mehr nicht essbare Fleischteile, deshalb ist vorwiegend Putenfleisch am Markt. Wie zart das Fleisch ist, hängt allerdings nicht vom Geschlecht, sondern vom Alter der Tiere ab: Je älter sie sind, desto zäher sind sie auch. Die Aufzuchtdauer für Hennen beträgt in Deutschland etwa 16 Wochen, für Hähne 22 Wochen.

Weitere Geflügelarten

Gänse kommen bei uns oft zu Weihnachten auf den Tisch, das entspricht auch der Gänse-Saison, die im Herbst beginnt und am 11. November zu Martini ihren Höhepunkt hat. Weidegänse erreichen mit 28 Wochen ihr Schlachtgewicht von vier Kilogramm. Gänsefleisch ist dunkel, hat einen hohen Fettanteil und ist reich an Vitaminen und Mineralstoffen. Ähnliches gilt für das Fleisch von Enten, hier sitzt das Fett in der Unterhaut. Braten Sie ganze Gänse oder Enten auf einem Gitterrost, unter

WO SIND DIE FEDERN HINGEKOMMEN?

Vor einigen Jahren besuchten wir eine Geflügelfarm mit Freilandhaltung in Oregon. Als wir uns dem versetzbaren Elektrozaun näherten, erklärte der Züchter, dass die Vögel kälteempfindlich seien, deshalb müsse er sonnenbeschienene Plätze wählen, wenn er ihren Futterplatz wechselt. Bald wurde mir klar, warum. Die Hühner waren klein, ziemlich rosa und hatten fast keine Federn. Denn je weniger Federn sie haben, umso schneller können sie nach dem Schlachten verarbeitet werden. Ich war schockiert. Doch dann wurde mir bewusst, dass meine Vorstellung eines dicht befiederten, bunten Huhns nur auf Legehennen zutrifft. Hühner, die für die Fleischverwertung gezüchtet werden, sind weiß. Dunkle Federn wachsen auf dunkler Haut, und niemand würde ein Huhn kaufen, dessen Haut nicht rosa oder gelb ist.

den Sie eine Fettpfanne schieben. Auf diese Weise kann man überschüssiges Fett separieren, und Sie erhalten einen delikaten Braten. Das zarte Fleisch von Wachteln und Perlhühnern gilt als Delikatesse, es hat deshalb seinen Preis. Auch Wildgeflügel wie Rebhuhn und Fasan bereitet man nicht alle Tage zu. Erstens ist Wild nicht jedermanns Sache, und zweitens ist das aromatische Fleisch nicht ganz billig.

Geflügel garen

Bis auf Gans und Ente ist Geflügel fettarm, vor allem an der Brust befindet sich wenig Fett, das das Fleisch vor dem Austrocknen schützt. Sie sollten daher bei der Zubereitung einige Tipps beachten, damit Sie kein gummiartiges, trockenes Fleisch servieren müssen.

Durch Panieren und Marinieren bleibt Geflügel schön saftig. Mehl und Ei bilden einen knusprigen Mantel, der den Fleischsaft einschließt. Diese Methode ist vor allem für Hühnerbrüste ohne Knochen geeignet, sie enthalten wenig Fett und sind rasch gar. Vom Marinieren profitieren alle Teile des Huhns. Im Prinzip genügt eine Mischung aus hochwertigem Olivenöl, Kräutern und, nach Wunsch, Knoblauch und Zwiebeln. Wenn man Geflügel in Buttermilch oder Joghurt einlegt, wird das Fleisch durch die Milchsäure besonders zart, außerdem verstärkt es den Geschmack der Kräuter und Gewürze, die man unter das Milchprodukt mischt. Die delikaten Hähnchenspieße auf Seite 194 sind ein gutes Beispiel für diese Zubereitungsart. Mit kaltem Wasser vermengtes Salz verschließt die Fleischporen und schützt so vor dem Austrocknen. Sie können das Fleisch in Salzwasser einlegen oder beim Garen im Ofen mit kaltem Salzwasser begießen. Alle Aromen und Gewürze, die in der Marinade enthalten sind, dringen in das Fleisch ein und machen es wohlschmeckender. Je länger das Fleisch mariniert wird, desto aromatischer wird es. Ganzes Geflügel am besten über Nacht, einzelne Teile bis zu sechs Stunden marinieren lassen. Legen Sie zum Beispiel ein Huhn in eine Mischung aus 125 Gramm Meersalz und drei Litern kaltem Wasser ein. Danach trocken tupfen, frische Kräuter unter die Haut schieben und im Ofen garen.

In Streifen oder Stücke geschnittene Geflügelbrust bleibt zart und saftig, wenn sie in Brühe gekocht wird, wie das Hähnchen-Kokos-Curry auf Seite 191, oder wenn man sie kurzbrät. Bei der köstlichen Saltimbocca mit Truthahn auf Seite 193 wird das Fleisch beispielsweise kurzgebraten. Pochieren in wenig Flüssigkeit oder Garen in Pergamentpapier sorgt ebenfalls dafür, dass Geflügelfleisch zart und saftig wird.

Geflügel einkaufen und lagern

Alle Geflügelteile sollten möglichst vom gleichen Vogel stammen. Kaufen Sie daher lieber ganze Tiere, und lassen Sie diese vom Fachhändler in einzelne Teile zerlegen. Hühnerbrüste ohne Haut und Knochen sind zwar praktisch und leicht zu handhaben, haben aber weniger Geschmack. Die beste Wahl ist nach wie vor Bio-Geflügel aus Ihrer Region, das im Fachhandel und auf Wochenmärkten angeboten wird. Es sollte frisch aussehen, eine glatte Haut haben und frisch riechen. Geflügel ist leicht verderblich, kaufen Sie es also ganz zum Schluss Ihres Einkaufs, und legen Sie es in das unterste Fach des Kühlschranks, dort ist es am kältesten. Bitte nicht in Plastik lagern, sondern in Pergamentpapier einwickeln und innerhalb von zwei Tagen zubereiten. Abgepacktes Geflügel aus der Originalverpackung nehmen und ebenfalls in Pergamentpapier aufbewahren. Gekochtes Geflügelfleisch ist im Kühlschrank vier Tage haltbar.

Sorgfältige Hygiene hat bei Geflügel aufgrund von Salmonellengefahr Priorität. Waschen Sie alle Geflügelarten vor der Zubereitung unter fließendem Wasser, lassen Sie das Geflügel gut abtropfen und tupfen Sie es dann mit Küchenkrepp gründlich trocken. Alles, was mit rohem Geflügel in Berührung gekommen ist, also Ihre Hände, das Schneidbrett und die Messer, hinterher mit heißem Seifenwasser reinigen.

GEWICHT UND ALTER VON GEFLÜGEL

- **Stubenküken:** Sind nicht älter als ein Monat und wiegen zwischen 200 und 750 Gramm. Ihr Fleisch ist besonders zart.
- **Hähnchen/Broiler:** Männliche oder weibliche Tiere, die vor der Geschlechtsreife im Alter von fünf bis sieben Wochen geschlachtet werden. Ihr Gewicht liegt dann zwischen 700 und 1200 Gramm. Broiler werden oft als Brathähnchen zur Zubereitung auf dem Grill oder im Backofen verwendet.
- **Poularden:** Werden ebenfalls vor der Geschlechtsreife geschlachtet, sind aber etwas älter und schwerer als Hähnchen. Sie wiegen mindestens 1,2 Kilogramm.
- **Kapaune:** Sind kastrierte Hähne, die nach acht bis zwölf Wochen Mast geschlachtet werden. Sie wiegen zwischen 1,7 und drei Kilogramm. Das Fleisch ist besonders mild und fett. Erhältlich ist Kapaun in erster Linie im Dezember, da die Tiere häufig als Weihnachtsbraten zubereitet werden.
- **Suppenhühner:** Legehennen, die zwölf bis fünfzehn Monate alt sind. Sie können bis zu zwei Kilogramm schwer sein und sind nur zum Kochen geeignet.

ZUM AUSPROBIEREN ZU HAUSE

Geflügelfond

Geflügelfond verfeinert unzählige Gerichte, deshalb sollte man hier nur beste Qualität nehmen. Es ist keine große Kunst, Fond selbst zuzubereiten, doch leider wird sie heute kaum mehr ausgeübt. Fertigprodukte haben unsere Erinnerung an den Geschmack von hausgemachtem Fond verdrängt. Dabei ist die Zubereitung ein Spaß für die ganze Familie: Die Kinder lösen das Fleisch von den Knochen, und Sie seihen den Fond ab.

Dieser Fond ist eigentlich eine Kreuzung aus Brühe und Fond. Letzterer wird aus Knochen und wenig Fleisch hergestellt, Brühe mit mehr Fleisch. Fond enthält das volle Aroma der Knochen und geliert, wenn er kalt wird. Dafür schmeckt Brühe etwas feiner. Wenn Sie ein ganzes Huhn verwenden, haben Sie hinterher perfekt gegartes Fleisch, das sich wunderbar zu Suppen, Pies und Salaten weiterverarbeiten lässt.

Dunkler Geflügelfond

Dunkle Fonds für braune Saucen, Ragouts und Schmorgerichte erhalten ihre Farbe durch das Anrösten der Zutaten. Das Anrösten intensiviert auch den Geschmack, deshalb eignet sich der Fond sehr gut als Ersatz für Rinder-, Kalbs- oder Entenfond. Bei Lamm sollten Sie einige Lammknochen mit anrösten.

So wird es gemacht

Anstelle eines ganzen Huhns wie bei dem Rezept auf Seite 182 etwa 2,5 kg Hühnerkarkassen (Knochen, Flügel, Hals plus Magen und Herz) verwenden.

Ofen auf 200 °C vorheizen.

Hühnerkarkassen in einen großen Bräter geben. Im Ofen 30–40 Minuten rösten.

In einen großen Topf umfüllen.

Im Bräter verbliebenes Fett abgießen. Bräter auf den Herd stellen und kräftig erhitzen. Mit 500 ml Rot- oder Weißwein ablöschen. Den Wein aufkochen lassen und den Bratensatz mit einem Holzlöffel lösen.

Die heiße Flüssigkeit über die Hühnerkarkassen im Topf gießen. Wie in Schritt 1 auf Seite 182 beschrieben, Gemüse und Wasser zufügen.

Alles zum Kochen bringen. Aufsteigenden Schaum abschöpfen. Den Fond 4 Stunden lang leicht köcheln lassen. Durch ein Tuch abseihen. Abkühlen lassen und nach Belieben portionsweise einfrieren.

Das benötigen Sie

- **1 Bio-Hähnchen (2–2,5 kg), geviertelt**
- **3 Möhren, geschält und halbiert**
- **1 Stange Staudensellerie, geputzt und halbiert**
- **1 Zwiebel, geschält und geviertelt**
- **1 Handvoll Petersilienzweige**
- **1 großes Lorbeerblatt**
- **1 EL grobes Meersalz**
- **einen Topf mit 8 l Fassungsvermögen**
- **einen großen Schöpflöffel**
- **2 verschließbare Behälter (für Fleisch und Fond)**
- **feinmaschiges Sieb**

1 In den Topf füllen

Geflügel, Gemüse, Petersilie, Lorbeerblatt und Meersalz in den Topf geben. 5 cm hoch mit kaltem Wasser bedecken.

2 Köcheln lassen

Bei mittlerer Hitze zum Kochen bringen. Aufsteigenden Schaum abschöpfen. Hitze reduzieren und offen 45 Minuten köcheln lassen. Dabei regelmäßig das Fett abschöpfen.

3 Fleisch ablösen

Hähnchenbrüste herausnehmen. Fond 30 Minuten weiterköcheln lassen, dann restliches Fleisch herausnehmen. Haut entfernen, Fleisch von den Knochen lösen und Knochen wieder in den Fond geben. Fleisch in einen Behälter füllen und kühl stellen.

4 Fond abseihen

Fond nochmals 45 Minuten simmern lassen. Eventuell Wasser nachfüllen, alles sollte davon bedeckt sein. Fond durch ein feines Sieb abseihen und abkühlen lassen. In einen Behälter füllen und offen in den Kühlschrank stellen. Kalt werden lassen.

5 Fond aufbewahren

Den Behälter mit dem Fond sorgfältig verschließen. Der Fond ist jetzt leicht geliert. Im Kühlschrank hält er sich bis zu 1 Woche, im Gefriergerät bis zu 3 Monate lang. Hart gewordenes Fett an der Oberfläche vor der Verwendung des Fonds entfernen.

Beim leisesten Anzeichen eines Schnupfens wird bei uns sofort ein riesiger Topf dieser köstlichen Suppe gekocht. Ich bin davon überzeugt, dass sie viele Erkältungen abgewendet hat. Bereiten Sie den Geflügelfond von Seite 182 in großen Mengen zu, und frieren Sie ihn ein – dann ist dieser Klassiker im Handumdrehen fertig.

Hühnersuppe

1 EL kalt gepresstes Olivenöl

3 mittelgroße Möhren, geschält und in Scheiben geschnitten

1 kleine Zwiebel, fein gehackt

1 Stange Staudensellerie, geputzt und in Scheiben geschnitten

1,5 l Geflügelfond (siehe Seite 180)

350 g gegartes Hühnerfleisch, in mundgerechte Stücke geteilt

350 g gegarte Spiralnudeln (optional)

grobes Meersalz und schwarzer Pfeffer aus der Mühle

Für 4–6 Personen

Olivenöl in einem großen Topf erhitzen. Möhren, Zwiebel und Sellerie darin unter Rühren zwei bis drei Minuten anschwitzen.

Fond angießen und zum Kochen bringen. Hitze reduzieren und das Gemüse offen etwa 20 Minuten weich garen.

Hühnerfleisch und Nudeln (falls verwendet) zufügen. Die Suppe nochmals etwa fünf Minuten köcheln lassen. Mit Salz und Pfeffer abschmecken, in vorgewärmte Schalen füllen und sofort servieren.

Varianten

Fügen Sie gemeinsam mit dem Fond ein 5 cm langes Stück Parmesanrinde und ein Lorbeerblatt hinzu. Kurz vor dem Servieren einen Esslöffel fein gehackte Petersilie und kleine, gegarte Muschelnudeln unterrühren.

Ersetzen Sie die Nudeln durch gekochten Reis, und rühren Sie zum Schluss zwei Esslöffel frisch gehackten Dill sowie drei Esslöffel Zitronensaft in die Suppe.

Das Hausrezept meiner Mutter gegen Magenschmerzen lautet: Ein 5 cm langes Stück Parmesanrinde 30 Minuten in Geflügelfond kochen. Rinde herausnehmen und gegarte Buchstaben- oder Sternchennudeln zum Fond geben. Mit geriebenem Parmesan servieren.

Vier Punkte gilt es zu beachten, um in den Genuss von goldbraunem,saftigem Brathuhn zu kommen: 1. Erstklassige Fleischqualität als Basis; 2. Richtig würzen; 3. Ausreichend lange bei hoher Temperatur garen und 4. Vor dem Anschneiden ruhen lassen. Etwaige Reste können Sie für die Pie auf Seite 188 verwenden.

Brathuhn mit Kräutern

1 Poularde (2–2,5 kg)

2 TL frisch gehackter Rosmarin plus 1 etwa 10 cm langer Zweig

1 EL frisch gehackter Thymian plus 3 große Zweige

2 TL frisch gehackter Salbei plus 1 Zweig

kalt gepresstes Olivenöl

grobes Meersalz und schwarzer Pfeffer aus der Mühle

½ kleine Zwiebel, geschält

3 große Knoblauchzehen, geschält

Für 4–6 Personen

Ofen auf 220 °C vorheizen. Poularde waschen und trocken tupfen. Bürzel und etwaiges Fett entfernen.

Rosmarin, Thymian, Salbei und 60 Milliliter Öl verrühren. Mit Pfeffer würzen. Die Haut der Poularde von den Keulen aus vorsichtig anheben, dabei die Haut nicht verletzen. Den Vogel um 180 Grad drehen und die Haut am restlichen Körper anheben. Die Kräutermarinade gleichmäßig unter die Haut reiben. Dann die Haut wieder zurechtziehen und die Flügelspitzen unter die Keulen schieben.

Das Innere der Poularde mit zwei Teelöffeln Salz würzen. Kräuterzweige, Zwiebel und Knoblauch tief in die Bauchhöhle schieben. Keulen und Flügel mit Küchengarn zusammenbinden (Sie können die Poularde nun in Frischhaltefolie hüllen und über Nacht kühl stellen, wenn Sie sie erst am folgenden Tag zubereiten wollen). Die Poularde rundherum mit Öl und Salz einreiben. Mit der Brust nach oben in einen Bräter legen.

Etwa 1 Stunde und 10 Minuten im Ofen garen (12–15 Minuten pro 500 g). Die Poularde ist gar, wenn an einer Einstichstelle klarer Saft austritt oder wenn ein in die Mitte gestecktes Fleischthermometer 75 °C anzeigt. Vor dem Servieren 15 Minuten ruhen lassen.

Meine Töchter sind immer total begeistert, wenn ich diese saftige Pie mache. Sie dürfen mir dabei helfen, den Blätterteig auf die Füllung zu legen. Und dann kommt das Schönste: Aus den Teigresten basteln die Kinder Hühner, Blumen oder andere Figuren, die als Dekoration auf die Pie kommen. Wir sind immer ganz gespannt, wie die Figuren aussehen, wenn ich die heiße Pastete aus dem Ofen hole.

Hähnchen-Pie

1 EL Butter plus Butter für die Form

½ Zwiebel, geschält und gewürfelt

1 Stange Staudensellerie, fein gehackt

2 kleine Möhren, geschält und gewürfelt

200 g Champignonhüte, geviertelt

50 ml trockener Weißwein

250 ml Geflügelfond (siehe Seite 180)

½ TL frisch gehackter Thymian

1 EL Mehl Type 405

350 g gegartes Hähnchenfleisch, gewürfelt

⅓ Rezept Blätterteig (siehe Seite 279) oder 1 Lage tiefgefrorener Blätterteig (25 x 33 cm), aufgetaut

1 großes Ei, mit 1 TL Wasser verquirlt

Für 4–6 Personen

Butter in einem Topf erhitzen. Zwiebel und Sellerie darin zwei Minuten anschwitzen. Möhren und Pilze zufügen, etwa drei Minuten anbraten. Weißwein angießen, zum Kochen bringen und drei Minuten einkochen lassen. Fond sowie Thymian zugeben und etwa fünf Minuten köcheln lassen.

Mehl mit sechs Esslöffeln kaltem Wasser glatt rühren. Ein Viertel des Fonds unter die Mehlmischung rühren. Diese Flüssigkeit durch ein feines Sieb in den Topf gießen. Gut umrühren und aufkochen lassen. Hitze reduzieren und das Gemüse nochmals etwa fünf Minuten simmern lassen. Hähnchenfleisch untermischen und fünf Minuten lang erwärmen. Die Füllung vom Herd nehmen, in eine Schüssel geben und vollständig abkühlen lassen. Zwei Stunden kühl stellen.

Ofen auf 200 °C vorheizen. Eine Pie- oder Springform mit Butter ausstreichen. Füllung hineingeben. Blätterteig auf bemehlter Arbeitsfläche zu einem Kreis mit 30 cm Durchmesser ausrollen. Den Rand der Form mit verquirltem Ei bestreichen. Teig auf die Füllung legen, überhängenden Teig zu einem dicken Rand aufrollen. Diesen mit einer Gabel gegen die Form drücken. 20 Minuten kühl stellen. Mit verquirltem Ei bestreichen, ein paar Luftlöcher in die Mitte stechen und die Pie etwa 45 Minuten goldbraun backen. Vor dem Servieren 15 Minuten abkühlen lassen.

Ich habe an einer Mauer meines Gartens einen Kaffir-Limettenbaum gepflanzt, daher habe ich stets einen Vorrat an Kaffir-Limettenblättern, die bei diesem Curry verwendet werden. Meine Kinder mögen den süß-sauren Limetten-Kokos-Geschmack. Wenn Ihre Familie gerne scharf isst, können Sie fein gehackte Chilischoten mitkochen. Servieren Sie das Curry mit Reis, Limettenspalten, Sojasprossen und Koriandergrün.

Hähnchen-Kokos-Curry

Zwiebel schälen und in dünne Ringe schneiden. Bei den Zitronengrasstängeln nur den hellen Teil verwenden, diesen längs halbieren und mit einem Messerrücken zerdrücken. Öl in einem Topf erhitzen. Zwiebel, Zitronengras, Ingwer und Knoblauch darin ein bis zwei Minuten anschwitzen. Kreuzkümmel und Zucker einrühren, Zucker etwa 30 Sekunden karamellisieren lassen. Kokosmilch, Geflügelfond, Fischsauce sowie Limettenblätter zufügen. Einmal aufkochen lassen, dann die Hitze reduzieren und 15 Minuten köcheln lassen, damit sich die Aromen verbinden.

Hähnchenfleisch, Basilikum, Pilze und Limettensaft untermischen. Nochmals etwa zehn Minuten köcheln lassen, bis das Fleisch gar ist. Zitronengras entfernen. Das Curry mit gekochtem Jasminreis servieren und mit Korianderzweigen garnieren. Limettenspalten und Sojasprossen dazu reichen.

1 kleine Zwiebel

2 Zitronengrasstängel

2 EL Rapsöl

1 gehäufter EL frisch geriebener Ingwer

2 Knoblauchzehen, gepresst

¼ TL gemahlener Kreuzkümmel

1 EL Vollrohrzucker

425 ml Kokosmilch

125 ml Geflügelfond (siehe Seite 180)

2–3 EL Fischsauce

2 Kaffir-Limettenblätter

500 g Hähnchenbrust bzw. -keulen ohne Haut und Knochen, fein geschnitten

20 g frische Basilikumblätter

100 g Champignons, fein geschnitten

2 EL Limettensaft

Für 4–6 Personen

Dieser aromatische Salat enthält viel Gemüse. Meine Kinder raspeln die Möhren und vermischen die Zutaten. Ich bereite die Thai-Vinaigrette von Seite 280 für die Kinder ohne Chilischoten zu und mache eine scharfe Extraportion für die Erwachsenen.

Asiatischer Geflügelsalat

200 g Reisnudeln

500 g gegartes Hähnchenfleisch aus der Brust, fein geschnitten

300 g Chinakohl, fein geschnitten

1 große Möhre, geraspelt

1 kleine Salatgurke, geschält und in dünne Scheiben geschnitten

2 Frühlingszwiebeln, fein geschnitten

1 EL frisch gehacktes Koriandergrün

je 1 EL frische Basilikum- und Pfefferminzblätter, grob gehackt

Thai-Vinaigrette (siehe Seite 280)

gesalzene, geröstete Erdnüsse

Limettenspalten zum Servieren

Für 4–6 Personen

Reisnudeln nach Packungsanweisung garen. In einem großen Sieb kalt abspülen und gut abtropfen lassen.

In eine große Schüssel füllen. Hähnchenfleisch, Chinakohl, Möhre, Gurke, Frühlingszwiebeln, Koriandergrün, Basilikum und Pfefferminze zufügen und vermengen. 60 Milliliter Vinaigrette zugeben und untermischen. Den Salat fünf Minuten durchziehen lassen, nochmals mischen und eventuell mehr Vinaigrette zugeben. Mit Erdnüssen bestreuen und servieren. Limettenspalten am Tisch reichen.

Dieses Rezept ist eine Abwandlung der klassischen Saltimbocca. Ich nehme Puten- anstatt Kalbsschnitzel und gebe den Schinken und Salbei in die Sauce, dadurch wird sie herrlich aromatisch. Die Kinder können die Schnitzel in Mehl wenden oder flach klopfen, wenn sie zu dick sind.

Saltimbocca mit Truthahn

Ofen auf 180 °C vorheizen. Mehl in einen tiefen Teller geben. Die Putenschnitzel beidseitig mit Salz und Pfeffer würzen, im Mehl wenden. Überschüssiges Mehl abklopfen. Schnitzel auf einen Teller legen.

1 Esslöffel Butter in einer großen, feuerfesten Pfanne leicht anbräunen lassen. Das Öl hinzufügen und die Schnitzel darin pro Seite drei bis vier Minuten goldbraun braten. Die Pfanne mit den Schnitzeln für etwa fünf Minuten in den Ofen stellen. Fleisch herausnehmen und auf eine vorgewärmte Platte legen.

Erneut 1 Esslöffel Butter in der Pfanne erhitzen. Schinken und Salbei darin etwa zwei Minuten anbraten. Mit Weißwein ablöschen und die Flüssigkeit ein bis zwei Minuten einkochen lassen. Die restliche Butter mit einem Schneebesen einrühren. Die Sauce mit Salz sowie Pfeffer abschmecken und dann über die Schnitzel gießen. Sofort servieren.

75 g Mehl Type 405

6 Putenschnitzel à etwa 125 g und 1,5 cm dick

grobes Meersalz und schwarzer Pfeffer aus der Mühle

4 EL Butter

1 EL kalt gepresstes Olivenöl

125 g dünn aufgeschnittener Parmaschinken, in Streifen geschnitten

2 EL frisch gehackter Salbei

125 ml trockener Weißwein

Für 4–6 Personen

Diese Spieße sind ideal für einen Grillabend. Servieren Sie frisches Pitabrot (siehe Seite 26), Hummus (siehe Seite 250) und Taboulé (siehe Seite 150) dazu. Der Joghurt sorgt dafür, dass das Fleisch wunderbar zart wird, durch das Marinieren zieht der Geschmack von Koriander, Knoblauch und Frühlingszwiebeln schön ein. Die Spieße können Sie bereits am Vortag machen und über Nacht durchziehen lassen.

Hähnchenspieße

750 g Hähnchenbrust oder -keulen ohne Haut und Knochen, in 5 cm große Würfel geschnitten

125 g Naturjoghurt

50 g Frühlingszwiebeln, fein gehackt

1 große Knoblauchzehe, zerdrückt

2 EL frisch gehacktes Koriandergrün

2 EL kalt gepresstes Olivenöl

grobes Meersalz und schwarzer Pfeffer aus der Mühle

Öl für den Rost

1–2 mittelgroße Zucchini, in dicke Scheiben geschnitten

200 g Kirschtomaten

Für 4–6 Personen

Das Fleisch in eine Keramikschüssel geben. Joghurt glatt rühren, dann mit Frühlingszwiebeln, Knoblauch, Koriandergrün und Olivenöl vermengen. Mit einem Teelöffel Salz und etwas Pfeffer würzen. Die Marinade über das Fleisch gießen und gründlich vermengen. Die Schüssel mit Folie abdecken und das Fleisch im Kühlschrank mindestens drei Stunden oder über Nacht durchziehen lassen.

Sechs Metallspieße oder Holzspieße, die mindestens 30 Minuten in kaltem Wasser eingeweicht wurden, bereithalten. Holzkohlegrill oder Backenofengrill vorheizen. Einen Gitterrost mit Öl bestreichen. Fünf Minuten auf den Grill legen oder in den Ofen schieben, damit das Öl verbrennt.

Hähnchenfleischwürfel abwechselnd mit Zucchinischeiben und Kirschtomaten auf die Spieße stecken. Leicht mit Salz und Pfeffer würzen. Die Spieße auf jeder Seite etwa acht Minuten grillen. Das Fleisch sollte goldbraun, aber noch saftig sein. Umgehend servieren.

Wer kann schon leckerem Cheeseburger, feinem Porterhouse-Steak oder saftigem Schweinekotelett widerstehen? In meiner Familie jedenfalls niemand.

Fleisch

Wenn etwas auf dem Grill brutzelt, bringt mich keiner vom Feuer weg. Wenn in der Pfanne eine frische Schweinswurst hüpft, muss ich sie unbedingt probieren. Wenn man mir langsam gegrilltes Sirloin-Steak vor die Nase hält, werden meine Knie weich. Fleisch ist in den letzten Jahren ein wenig zu Unrecht in Verruf geraten. Es liefert nämlich wertvolle Proteine (wichtig für den Muskelaufbau), Eisen, B-Vitamine, Magnesium und vieles mehr. Gelegentlich legt mein Mann ein Filetsteak auf den Grill, doch meistens werden Sie bei uns etwas mit Knochen auf dem Tisch finden – ein dickes Schweinekotelett, ein Lammkarree oder ein Rippensteak. Wir knabbern alle gerne das saftige Fleisch von den Knochen.

Wir essen sehr gerne Fleisch, wenn auch nicht täglich. Wenn man bei Fleisch auf gute Qualität achtet und keine allzu großen Portionen serviert, dann ist dieses Lebensmittel ein nährstoffreicher Bestandteil des Speiseplans.

Eine Familie von Fleischessern

Meine ältere Tochter mochte schon immer Rindfleisch, vor allem Steak. Es darf aber nicht ganz durchgebraten sein – entweder medium oder gar nicht. Schwein isst meine ganze Familie gerne: Schweinebraten aus dem Ofen, gegrillte Koteletts, gebratenen Speck, Würste und Schinken. Bis auf den Rüssel verzehren wir eigentlich alles, was vom Schwein kommt.

Wir haben vor Jahren damit begonnen, in unseren Weingärten Schafe weiden zu lassen. Die Tiere grasen die Gärten ab und werfen jeden Frühling Lämmer. Im Herbst können wir dann köstliches Lammfleisch genießen.

Bei uns kommt zweimal die Woche Rind-, Schweine- oder Lammfleisch auf den Tisch. Die Gesundheit meiner Familie und das Wohl der Tiere liegen mir am Herzen. Deshalb achte ich sehr darauf, woher das Fleisch stammt und auf welche Weise die Tiere aufgezogen wurden.

Unterschiedliche Struktur

Lamm- und Schweinefleisch ist meist zarter als Rindfleisch, weil die Tiere kleiner sind und in einem Alter von etwa sechs Monaten geschlachtet werden. Die älteren, größeren Rinder liefern nicht nur mehr Fleisch, die einzelnen Teile haben auch eine derart unterschiedliche Struktur, dass es dafür verschiedene Garmethoden gibt. Langfaseriges Fleisch sollte mariniert oder unter Flüssigkeitszugabe langsam geschmort oder gebraten werden. Kurzfaseriges Fleisch benötigt weniger Garzeit, es eignet sich zum Kurzbraten und Grillen.

Nacken, Hals und Hachse

Rindernacken oder -halsgrat ist von Fett durchwachsen und sehnig, bei langer Garzeit ergibt er aber einen saftigen Braten. Aus dem Nacken wird auch Hackfleisch hergestellt. Kalbsnacken wird für Suppen, Ragout und Gulasch verwendet. Der Halsgrat vom Schwein ist saftig und eignet sich zum Braten, Grillen oder Schmoren. Beim Lamm wird der Hals häufig zu Schmorbraten gerollt und der Nackenteil in Doppelkoteletts geteilt, weil die Koteletts aus dem Rücken relativ klein sind. Nackenkoteletts sind besonders zart und mager. Bei Schwein und Kalb werden auch die Vorder- und Hinterhachse verzehrt, man schmort, kocht, brät oder grillt sie am Knochen.

Mittelteil

Hier werden Rippen, Rücken, Hüfte und Lende verwertet. Aus dem zarten Fleisch des Rückens werden Koteletts geschnitten. Rinderhüfte ist von feinen Fettadern durchzogen und wird zu Steaks verarbeitet. Rinderlende zählt zu den edlen Stücken vom Rind, sie wird zu Roastbeef und Steaks geschnitten, kann aber auch als großer Braten zubereitet werden. Das Filet liegt unter dem Rückgrat, es ist bei allen Fleischarten das feinste Stück. Es wird im Ganzen gebraten oder in Medaillons geteilt. Das berühmte Chateaubriand vom Rind stammt aus dem Filetmittelstück, Filet Mignon aus der Filetspitze und Tournedos werden aus dem dünneren Teil geschnitten.

Schulter und Keule

Rinderschulter wird in Dicker Bug, Schulterblatt und Schulterspitze unterteilt. Dicker Bug ist relativ zartfaserig und eignet sich für Geschnetzeltes und Rouladen. Schulterblatt wird auch als Schaufelstück bezeichnet, es ist feinstes Kochfleisch und wird unter anderem für Sauerbraten verwendet. Schulterspitze wird auch Falsches Filet genannt und ergibt delikate Ragouts und Schmorbraten. Kalbsschulter wird ebenfalls in drei Teile von unter-

ANTIBIOTIKA UND HORMONE

Ein Großteil der weltweit produzierten Antibiotika wird Nutztieren verabreicht. Sie werden dem Futter von Kälbern, Rindern, Lämmern und Schweinen beigemischt – egal, ob die Tiere krank sind oder nicht. Es handelt sich um eine reine Vorbeugungsmaßnahme. Kälber, Rinder, Schweine und Lämmer erhielten bei der konventionellen Aufzucht einst Wachstumshormone, doch hormonbelastetes Fleisch ist in den letzten Jahren derart ins Kreuzfeuer der Kritik geraten, dass die Europäische Union den Einsatz von Wachstumshormonen 1988 verboten hat. Diese Praxis wird jedoch in den USA, in Kanada und in Australien nach wie vor angewandt.

RINDFLEISCHTEST: GRAS GEGEN GETREIDE

Bei mit Gras gefütterten Rindern muss das Futter zu 80 Prozent aus Gras bestehen. Im Herbst und Winter darf auch Heu gegeben werden. Mit Kraftfutter gezogene Rinder hingegen werden am Ende der Aufzucht mit einer Mischung aus Mais, Getreide, Heu und Luzernen gefüttert. Dadurch setzen sie mehr Fettgewebe an. Feinschmecker schwören auf den zarten, feinen Geschmack des gut marmorierten Fleisches. Das Fleisch von mit Gras gefütterten Rindern ist magerer, enthält jedoch mehr Proteine und Omega-3-Fette. Es bietet eine gute Alternative für ernährungsbewusste Personen, die auf den Genuss von Rindfleisch nicht verzichten wollen.

schiedlicher Zartheit unterteilt: für Frikassee, Gulasch und Braten. Aus dem Schulterstück des Schweins macht man den beliebten Schweinebraten, aus der flachen Schulter Schmorgerichte. Lammschulter ist etwas fetter als Lammkeule und ergibt große Braten, klein geschnitten wird sie zu Spießchen verarbeitet. Lammkeule liefert edles Fleisch, das am besten schmeckt, wenn man die Keule im Ganzen brät. Schweinekeule nennt man auch Schlegel, das erstklassige Fleisch kann für Festbraten verwendet werden. Die Oberschale ist bei Schwein, Rind und Kalb der zarteste Teil der Keule, aus ihr werden Schnitzel sowie Rouladen geschnitten.

Fleisch kaufen und lagern

Aufgrund der vielen Skandale, die es in den letzten Jahrzehnten rund um Fleisch gegeben hat, ist der Fleischkauf zur Vertrauenssache geworden. Auch hier gilt: Ware aus ökologischer Landwirtschaft ist die erste Wahl. Informieren Sie sich über Bio-Fleischproduzenten in Ihrer Region. Manchmal kann man die Betriebe auch besichtigen und sich mit eigenen Augen davon überzeugen, dass die Tiere artgerecht gehalten werden, Bio-Futter bekommen und schonend geschlachtet werden.

Ich kaufe von heimischen Bauern oft ganze Rinder- oder Schweinehälften, die ich mit anderen Familien teile. Dadurch weiß ich nicht nur genau, woher das Fleisch stammt und welche Qualität es hat, sondern spare auch viel Geld. In solchen Mengen verkauftes Fleisch ist natürlich wesentlich billiger als haushaltsübliche Portionen. Für diese Art der Vorratshaltung benötigen Sie allerdings eine große Gefriertruhe sowie eine Person, die das Fleisch fachkundig zerlegen kann. Doch dieser Service ist bei vielen ökologischen Betrieben meist im Verkaufspreis enthalten oder gegen geringen Aufpreis zu bekommen.

Beim Fleischkauf im Handel sollten Sie auf das QS-Prüfzeichen achten. Dieses Prüfsystem für Fleischwaren wurde 2002 in der Europäischen Union eingeführt. QS steht für stufenübergreifende Qualitätssicherung bei der Erzeugung und Weiterverarbeitung von Lebensmitteln. Betriebe, die ihre Waren mit diesem Prüfzeichen versehen, setzen sich freiwillig einem strengen Kontrollverfahren aus. Das Prüfzeichen wird sowohl für konventionell erzeugte Lebensmittel als auch für Bioprodukte vergeben.

Frisches Fleisch stets an der kältesten Stelle im Kühlschrank lagern, am besten in einer Keramikschüssel, die nur leicht abgedeckt ist. Bei 0 bis -4 °C hält sich Rindfleisch drei bis vier Tage lang. Kalb-, Lamm- und Schweinefleisch sollte innerhalb von zwei Tagen zubereitet werden. Hackfleisch ist besonders empfindlich und sollte am Tag des Einkaufs vollständig durcherhitzt werden. Rindfleisch lässt sich acht bis zehn Monate einfrieren, Schweinefleisch sechs Monate. Achten Sie darauf, dass die Verpackung unversehrt ist, damit kein Gefrierbrand entsteht. Gefrorenes Fleisch langsam im Kühlschrank auftauen.

KLEINE STEAKKUNDE

- **Rumpsteak:** Ist ein Teilstück des Hinterviertels vom Rind. Neben dem Filet gehört das Rumpsteak zu den zartesten und wertvollsten Fleischteilen des Rindes. Es ist sehr saftig und hat einseitig einen geschmackgebenden Fettrand. Rumpsteak eignet sich hervorragend zum Kurzbraten, ist 2–3 cm dick und wiegt 200–300 Gramm.
- **Entrecôte:** Steak aus dem Zwischenrippenstück oder der Hochrippe des Rinds. Dieses marmorierte Fleisch ist besonders zart und geschmackvoll. Charakteristisch ist das deutlich sichtbare Fettauge. Je nach Verwendungsart hat das Fleisch ein Gewicht von 250–500 Gramm und ist 4–6 cm dick. Da das Entrecôte zu den am wenigsten beanspruchten Muskelgruppen zählt, hat es eine zarte Struktur und ist daher ideal zum Kurzbraten geeignet.
- **T-Bone-Steak/Porterhouse-Steak:** Namensgebend ist der in der Mitte durchlaufende T-förmige Knochen. T-Bone-Steaks wiegen 400–600 Gramm. Das Porterhouse-Steak sieht wie ein übergroßes T-Bone-Steak aus, wiegt bis zu ein Kilogramm und ist etwa 6 cm dick, die Garzeit beträgt pro Seite etwa zwölf Minuten.
- **Sirloin-Steak:** Sehr großes, mageres Steak aus dem hinteren Ende des Roastbeefs, jedoch ohne Filet. Es ist 4–6 cm dick und wiegt bis zu zwei Kilogramm. Es wird klassischerweise bei mittlerer Hitze auf dem Grillrost gebraten und zuvor mit heißem Fett übergossen, damit sich alle Fleischporen schließen. Pro Zentimeter Fleischhöhe rechnet man zehn Minuten Garzeit.

Ein unwiderstehlicher Duft verbreitet sich, wenn Steaks, Lammspieße oder Schweinekoteletts über offenem Feuer gegart werden. Er verheißt eine herzhafte, köstliche Mahlzeit.

ZUM AUSPROBIEREN ZU HAUSE

GEPÖKELTER SPECK

Fett ist ein Geschmacksträger, und dieser gepökelte Speck enthält reichlich davon! Reiben Sie Schweinebauch mit Salz sowie braunem Zucker ein, und drei Tage später haben Sie köstlichen Speck. Speck wird aus dem Fettgewebe von Rücken und Bauch eines Schweins gewonnen. Es gibt ihn roh (grüner Speck), gepökelt, geräuchert, getrocknet und gegart.

Ich pökle Speck trocken, beim Nasspökeln muss man das Fleisch wochenlang in Salzlake einlegen. Der Speck ist angenehm salzig, mit einem Hauch Süße. Da er nicht geräuchert wird, bleibt das feine Schweinefleischaroma erhalten. Sie können ihn für Salate, Sandwiches, Eierspeisen oder andere Rezepte verwenden, die durch den Geschmack von Speck verfeinert werden.

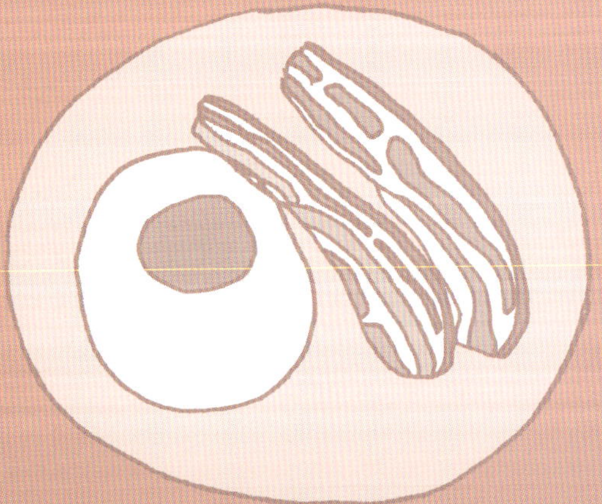

Bunte Geschmacks-vielfalt

Sie können das Grundrezept von Seite 206 abwandeln und Gewürze aus aller Welt einsetzen, um etwas exotischere Speck-Varianten zu erhalten.

Asiatischer Speck

- 2 TL chinesisches Fünf-Gewürze-Pulver
- 4 große Knoblauchzehen, gepresst

Gewürfelt passt dieser Speck gut zu gebratenem Reis oder Bohnen. Sie können ihn auch in Scheiben um Wasserkastanien wickeln und diese in der Pfanne braten.

Südländischer Speck

- 1 ½ TL gemahlene Fenchelsamen
- 1 TL Chiliflocken

Dieser aromatische Speck passt in Ragouts mit Tomaten, zu weißen Bohnen und Gemüsesuppen und eignet sich als Pizza-Belag.

Elsässer Speck

- 1 ½ TL grob zerstoßene Kümmelsamen
- 2 TL zerstoßene schwarze Pfefferkörner

Lässt sich für Sauerkrautgerichte mit oder ohne Fleisch verwenden, passt in Kartoffelsalate und Quiches.

Das benötigen Sie

- **Löffel und kleine Schüssel**
- **75 g grobes Meersalz**
- **60 g braunen Zucker**
- **1–1,25 kg Schweinebauch ohne Knochen, 3–4 cm dick**
- **Schneidbrett**
- **grob gemahlenen schwarzen Pfeffer**
- **verschließbaren Plastikbeutel mit 8 l Fassungsvermögen**
- **großes, flaches Gefäß aus Glas oder Keramik**
- **großen Gitterrost**

1 Gewürze mischen

Salz und Zucker in der Schüssel gründlich vermischen. Schweinebauch auf das Schneidbrett legen.

2 Fleisch einreiben

Fettseite großzügig mit Pfeffer bestreuen, dann mit einem Viertel der Salz-Zucker-Mischung gut einreiben. Restliche Salz-Zucker-Mischung in die Fleischseite des Bauchs einarbeiten.

3 Pökeln lassen

Schweinebauch in den Plastikbeutel geben, die Luft herauspressen und den Beutel verschließen. In das flache Gefäß legen und 3 Tage lang kühl stellen. Dabei täglich wenden. Das Fleisch gibt Flüssigkeit ab, diese im Beutel belassen.

4 Trocknen lassen

Aus dem Beutel nehmen, kurz unter fließendem Wasser abspülen und sorgfältig trocken tupfen. Gitterrost in das Gefäß geben, das Fleisch darauflegen und im Kühlschrank unbedeckt 2 Tage trocknen lassen.

5 Verkosten und lagern

Eine Scheibe abschneiden, braten und verkosten. Beim nächsten Mal 1 Tag länger pökeln, wenn der Speck salziger sein soll, 1 Tag kürzer, wenn er milder sein soll. In Pergamentpapier einschlagen und maximal 1 Woche im Kühlschrank lagern.

Im Sommer, wenn es vollreife Tomaten gibt, freut sich meine ganze Familie auf diese Sandwiches. Ich schneide das Avocadofruchtfleisch nicht in Scheiben – die rutschen so leicht aus dem Sandwich heraus –, sondern vermenge es mit Mayonnaise. Der Speck sollte stets die letzte Lage bilden, er sorgt dafür, dass die oberen Toastscheiben an ihrem Platz bleiben.

Specksandwich mit Avocado

2 vollreife Avocados

3 EL gekaufte Mayonnaise oder Zitronenmayonnaise (siehe Seite 165)

1 TL frisch gehackter Estragon

¼ TL Zitronensaft

grobes Meersalz und schwarzer Pfeffer aus der Mühle

12 Scheiben Speck (siehe Seite 204), je 3 mm dick geschnitten

8 Scheiben Weiß- oder Toastbrot, leicht getoastet

8–12 Tomatenscheiben

8 kleine Kopfsalatblätter

Ergibt 4 Sandwiches

Avocados schälen, halbieren sowie entkernen und das Fruchtfleisch in einer Schüssel grob zerdrücken. Mayonnaise, Estragon und Zitronensaft zufügen. Gut verrühren. Mit Salz und Pfeffer abschmecken.

Eine große Pfanne mittelstark erhitzen. Die Speckscheiben darin etwa fünf Minuten knusprig ausbraten, sie sollten nicht zu trocken werden. Auf Küchenkrepp abtropfen lassen, dann jeweils quer halbieren. Warm halten.

4 Weiß- oder Toastbrotscheiben auslegen. Jeweils dick mit Avocado-Mayonnaise bestreichen, Tomatenscheiben darauflegen, mit Salz und Pfeffer würzen. Mit Salatblättern und Speckscheiben krönen.

Restliche Brotscheiben mit der restlichen Avocado-Mayonnaise bestreichen. Mit der bestrichenen Seite nach unten auf die belegten Scheiben setzen. Die Sandwiches leicht zusammendrücken, halbieren und sofort servieren.

In einem Sommer hatte ich sehr viele Paprika- und Chilischoten in meinem Garten, in allen erdenklichen Farben und Größen. Ich hatte die reiche Ernte bereits bergeweise gegrillt, geschält und eingelegt, als ich plötzlich eine Idee hatte: Damit könnte man doch wunderbar eine Fajita-Party veranstalten! Für die Kinder nimmt man milde Schoten, die Erwachsenen mögen es vielleicht etwas schärfer.

Fajitas

Das Fleisch entlang der Faser in dünne Streifen schneiden und in eine Keramikschüssel legen. Limettensaft, Knoblauch, Koriandergrün sowie 1 Esslöffel Olivenöl zufügen. Gut vermischen und das Fleisch zugedeckt ein bis zwei Stunden kühl stellen.

Paprikaschoten und Chilischote waschen, dann jeweils von Stielansatz, Samen und Rippen befreien. Fruchtfleisch in dünne Streifen schneiden. In einer Schüssel mit Zwiebelringen, 1 Esslöffel Öl und etwas Salz vermengen.

Eine große Pfanne stark erhitzen. Die Paprika-Zwiebel-Mischung darin unter Rühren etwa vier Minuten anbraten und anschließend auf eine große, vorgewärmte Platte geben.

Fleischstreifen kurz abtropfen lassen und salzen. Die Pfanne erneut stark erhitzen. 1 Esslöffel Öl zufügen und heiß werden lassen. Die Hälfte des Fleisches darin zwei bis drei Minuten anbraten, dann gut umrühren und das Fleisch nochmals zwei Minuten braten. Zur Paprika-Zwiebel-Mischung geben. Restliches Öl erhitzen und restliches Fleisch darin ebenfalls insgesamt etwa fünf Minuten braten und anschließend auf die Platte geben.

Mit Korianderzweigen garnieren, Limettenspalten in einem Kreis um Fleisch und Gemüse legen. Sofort servieren und die Tortillas als Beilage reichen.

500 g Saumfleisch (Skirt Steak)

2 EL Limettensaft

3 Knoblauchzehen, gepresst

3 EL frisch gehacktes Koriandergrün plus einige Zweige zum Garnieren

4 EL kalt gepresstes Olivenöl

je 1 rote, gelbe und grüne Paprikaschote

1 Chilischote

125 g Zwiebeln, in dünne Ringe geschnitten

grobes Meersalz

8 Limettenspalten

Tortillas, selbst gemacht (siehe Seite 281) oder gekauft, erwärmt

Für 4–6 Personen

Als ich es noch nicht besser wusste, habe ich Rinderschmortopf mit Fleisch aus dem Nacken zubereitet. Dieses ist zwar wohlschmeckend, wird aber trocken, wenn es lange gegart wird. Heute nehme ich ausgelöstes Fleisch der Querrippe, das ist für ausgiebiges Schmoren besser geeignet. Meine Töchter tunken den Saft dieses köstlichen Eintopfs gerne mit knusprigem Brot auf.

Rinderschmortopf

750 g Rinderquerrippen ohne Knochen, jeweils 5–7 cm lang

grobes Meersalz und schwarzer Pfeffer aus der Mühle

1 EL kalt gepresstes Olivenöl

1 Zwiebel, geschält und gewürfelt

2 Möhren, geschält und in 2 cm lange Stücke geschnitten

1 Pastinake, geschält und in 2 cm lange Stücke geschnitten

2 große Knoblauchzehen

200 g Champignons, geputzt und halbiert

250 ml trockener Rotwein

200 g Tomaten, gewürfelt

1 Lorbeerblatt

1 TL frisch gehackter Thymian

Für 4–6 Personen

Ofen auf 180 °C vorheizen. Die Rippen quer halbieren. Kräftig mit Salz und Pfeffer würzen.

Olivenöl in einem Bräter erhitzen. Das Fleisch darin etwa acht Minuten rundherum kräftig anbraten.

Zwiebel, Möhren, Pastinake, Knoblauch und Champignons hinzufügen. Unter häufigem Rühren etwa fünf Minuten anbraten. Rotwein angießen, aufkochen und fünf Minuten köcheln lassen. Tomaten, Lorbeerblatt sowie Thymian einrühren und einmal aufkochen lassen. Dann den Bräter verschließen, in den Ofen stellen und das Fleisch etwa eineinhalb Stunden weich garen.

Lorbeerblatt entfernen. Den Rinderschmortopf mit Salz und Pfeffer abschmecken und im Topf servieren.

Ich liebe Schweinekoteletts, vor allem Filetkoteletts. Bei diesem Rezept wird das saftige Fleisch asiatisch gewürzt. Dazu passt die Apfelsauce von Seite 109 erstaunlich gut. Ihre Kinder werden die Koteletts anfangs vielleicht etwas zu exotisch finden, doch sobald sie sie einmal probiert haben, werden sie sofort mehr davon verlangen.

Gegrillte Schweinekoteletts

4–6 Schweinekoteletts, jeweils 2 cm dick

2 TL frisch gehackter Ingwer

2 große Knoblauchzehen, gepresst

1 TL chinesisches Fünf-Gewürze-Pulver

1 EL kalt gepresstes Olivenöl

grobes Meersalz und schwarzer Pfeffer aus der Mühle

Öl für den Gitterrost

Apfelsauce (siehe Seite 109) zum Servieren

Für 4–6 Personen

Die Koteletts in ein flaches Keramikgefäß legen. Ingwer, Knoblauch, Fünf-Gewürze-Pulver und etwas grob gemahlenen Pfeffer in einer Schüssel vermengen. Die Koteletts beidseitig mit der Mischung einreiben. Abdecken und mindestens eine Stunde oder über Nacht im Kühlschrank durchziehen lassen.

Holzkohlegrill oder Backofengrill vorheizen. Einen Gitterrost mit Öl bestreichen und fünf Minuten auf den Grill legen oder in den Ofen schieben, damit das Öl verbrennt.

Das Fleisch beidseitig salzen. Auf den Gitterrost legen und pro Seite sechs bis sieben Minuten grillen. Auf eine vorgewärmte Platte legen und vor dem Servieren fünf Minuten ruhen lassen. Die Apfelsauce am Tisch dazu reichen.

ORIGINAL
Cath Kidston

In meiner Jugend wurde beim Abendessen oft eifrig über Fleischbällchen diskutiert: Bei wem sie zu kompakt waren, bei wem sie auseinanderfielen, wer sie zu würzig, wer sie zu fade machte und so weiter. Wenn ein Mann in unserer Verwandschaft seine Verlobung ankündigte, lautete die erste Frage in Bezug auf seine zukünftige Frau: »Kann sie gute Fleischbällchen machen?«

Sobald der Name Nana DiGregorio fiel, verstummten alle am Tisch. Nanas Fleischbällchen waren legendär, vor allem die kleinen aus Kalbfleisch, die sie in heißer Brühe servierte und mit Petersilie und etwas Parmesan bestreute. An diesen Juwelen mussten sich alle anderen Fleischbällchen messen lassen. Sie waren unglaublich köstlich und so zart, dass sie bei der leichtesten Berührung mit einem Löffel in zwei Teile zerfielen. Der Geschmack war unbeschreiblich, und die Bällchen waren kaum größer als Oliven.

Wenn Sie das auf Seite 217 beschriebene Rezept ausschließlich mit Kalbfleisch zubereiten und die Bällchen sehr klein machen, kommen sie womöglich an Nanas Spezialität heran. Besonders Kinder können von diesen lockeren Häppchen nicht genug bekommen. Servieren Sie die Bällchen in einer guten Geflügelbrühe, wenn Sie sich nicht die Mühe machen wollen, Kalbsbrühe zu kochen.

Meine Kinder mögen alles, was am Spieß serviert wird, und Frikadellen sind ohnehin immer willkommen. Ich helfe ihnen dabei, die fertigen Bällchen vom Spieß zu streifen, damit sich niemand verletzt. Man kann die Bällchen auch flachdrücken, grillen und in aufgeschnittenen Pitabroten servieren.

Lammfrikadellen mit Raita

150 g Zwiebeln, fein gehackt

3 Knoblauchzehen, gepresst

2 EL frisch gehacktes Koriandergrün

1 EL frisch gehackte Pfefferminze

1 EL frisch gehackte Petersilie

750 g Lammhackfleisch aus der Schulter

1 TL gemahlener Kreuzkümmel

1½ TL grobes Meersalz

schwarzer Pfeffer aus der Mühle

Öl für den Gitterrost

Pitabrote, selbst gemacht (siehe Seite 26) oder gekauft

Raita (siehe Seite 65)

Für 4–6 Personen

Drei Metallspieße (25 cm lang) oder Holzspieße, die für mindestens 30 Minuten in kaltem Wasser eingeweicht wurden, bereithalten.

Zwiebeln, Knoblauch, Koriandergrün, Pfefferminze und Petersilie in einer großen Schüssel gut vermischen. Lammhackfleisch zufügen. Mit Kreuzkümmel, Salz und Pfeffer würzen und mit beiden Händen rasch vermengen.

Aus der Masse zwölf gleich große Bällchen formen und diese auf die Spieße stecken. Die Spieße auf ein Tablett legen und 20 Minuten kühl stellen.

Holzkohlegrill oder Backofengrill vorheizen. Einen Gitterrost mit Öl bestreichen und fünf Minuten auf den Grill legen oder in den Ofen schieben, damit das Öl verbrennt.

Die Frikadellen mit Salz und Pfeffer würzen. Die Spieße auf den Gitterrost legen und die Bällchen insgesamt etwa 20 Minuten grillen. Dabei einmal wenden. Vor dem Servieren fünf Minuten ruhen lassen. Pitabrote und Raita dazu reichen.

Cremiger Hummus, Kokosmilchreis, Kichererbsencurry – Getreide und Hülsenfrüchte sind alles andere als langweilig!

Pasta, Getreide & Co.

Eine große, dampfende Schüssel Pasta mit frischer Tomaten-Basilikum-Sauce ist für Groß und Klein schlicht Nahrung für die Seele, die man fröhlich verschlingt. Wenn jedoch ein Teller Bohnenmus oder Linseneintopf vor uns steht, hält sich die Begeisterung meist in Grenzen. Hülsenfrüchte wurden in unserer Küche lange Zeit vernachlässigt. Aber die Zeiten ändern sich und unsere Ernährungsgewohnheiten ebenso. Inzwischen gelten Hülsenfrüchte als geballte Kraftquellen, sie versorgen uns mit wertvollem pflanzlichem Eiweiß, Mineralstoffen und Vitaminen, außerdem enthalten sie reichlich Ballaststoffe. Sie können äußerst vielfältig zubereitet werden, sind lange haltbar und stellen eine wichtige Bereicherung unseres Speiseplans dar.

Diese Nahrungsmittel haben den Vorteil, dass man nur in den Vorratsschrank greifen muss und zusammen mit einer Handvoll anderer Zutaten im Nu eine herzhafte, leckere Mahlzeit zaubern kann, die auch noch gesund ist.

Leichte Entscheidung

WELCHE PASTA FÜR WELCHES GERICHT?

- Suppen: Buchstaben-, Faden-, Sternchen-, Orzonudeln
- Salate: Farfalle, Fusilli, Makkaroni
- Pasta für dünnflüssige, leichte Saucen und Meeresfrüchte: Capellini, Vermicelli, Linguine, Tagliatelle
- Pasta für cremige Saucen und Fleisch: Orecchiette, Spaghetti, Fettuccine, Pappardelle, Penne
- Pasta für Aufläufe und Gratins: Makkaroni, Rigatoni, Penne, Lasagne
- Pasta zum Füllen: Conchiglie, Cannelloni, Tortiglioni

Ich bin überrascht, welch großen Anteil Pasta, Getreide und Bohnen an unserem Speiseplan haben. Ich denke immer, dass wir mehr andere Dinge essen, doch wenn ich unseren Vorratsschrank öffne, sehe ich ein riesiges Sortiment an Reis, Bohnen, Linsen und Nudeln. Jedes Mal, wenn ich eine Packung Reis oder Bohnen herausnehme, wird mir bewusst, wie einfach es ist, damit eine köstliche Mahlzeit zu kochen. Manchmal muss man ein wenig vorausplanen, denn ungeschälte Hülsenfrüchte müssen zum Beispiel über Nacht eingeweicht werden, aber das ist nicht schwierig. Und Pasta zuzubereiten ist ohnehin ein Kinderspiel.

Woraus besteht Pasta?

Die besten Teigwaren werden aus Hartweizen hergestellt. Diese Weizenart enthält besonders viel Klebereiweiß, damit lässt sich ein glatter, glänzender Teig bereiten, der rasch trocknet und seine Form behält. Frische Pasta kann sowohl mit Hartweizengrieß als auch mit normalem Haushaltsmehl gemacht werden, mit Eiern oder ohne Eier. Vollkornnudeln bestehen aus Vollkornhartweizen oder Hartweizen und Kleie. Sie liefern zwar mehr Ballaststoffe, doch nicht wesentlich mehr Nährstoffe als herkömmliche Nudeln. Es gibt auch Teigwaren aus Mais, Kartoffeln, Dinkel, Quinoa und Reis.

Die richtige Portion

Die empfohlene Menge gekochter Nudeln pro Person lautet 100 Gramm, obwohl auf den meisten Packungen das Doppelte angegeben ist. Eine herbe Enttäuschung für jeden, der gerne Nudeln isst, und das tun wir alle. Die folgenden Angaben sind vielleicht hilfreich, wenn Sie selbst entscheiden wollen, welche Portionen Sie servieren: 60 Gramm rohe Nudeln aus Hartweizen ergeben gekocht etwa 150 Gramm, 60 Gramm rohe Eiernudeln entsprechen gekocht etwa 80 Gramm.

Vielfältiges Getreide

Diesem Nahrungsmittel begegnet man oft den ganzen Tag über: morgens im Müsli, mittags in der Suppe und abends im Risotto. Die bekanntesten Getreidearten sind Reis, Mais, Weizen, Hafer, Roggen, Hirse und Gerste. Quinoa ist streng genommen kein Getreide, es zählt zur Familie der Fuchsschwanzgewächse.

Vollkorngetreide ist nährstoffreicher als industriell verarbeitetes, bei dem die Schalen entfernt und als Kleie verwertet werden. Volles Korn ist sehr gesund: Es ist fettarm, liefert komplexe Kohlenhydrate, Vitamine, Ballast- sowie Mineralstoffe. Zudem ist es reich an Lignanen, Antioxidantien, Phenolsäuren und Phytochemikalien – diese Stoffe sollen das Risiko von Herzkrankheiten, Krebs sowie Diabetes vermindern.

Im Vergleich dazu wirkt raffiniertes Getreide blass. Bei den meisten Arten werden Kleie und Keim durch Vermahlen, Schleifen oder andere Prozesse entfernt, damit das Getreide schneller gar wird. Viele wertvolle Inhaltstoffe gehen dadurch verloren. Trotzdem ist Vollkorngetreide nicht immer die erste Wahl. Wären beim Reis Silberhäutchen und Keimling noch intakt, würde der Risotto nicht cremig werden. Basmati- und Jasminreis sind geschliffen aromatischer. Raffiniertes Maismehl ergibt feines Maisbrot, das süß schmeckt. Aus Hafergrütze gewalzte zarte Haferflocken quellen schnell auf. Mit anderen Worten: Im Idealfall sollte Ihre Ernährung aus einer Mischung von Vollkornprodukten und raffiniertem Getreide bestehen.

PASTA PERFEKT KOCHEN

1 Für 500 Gramm Nudeln mindestens 4 Liter Wasser zum Kochen bringen.

2 Erst salzen, wenn das Wasser kocht, pro 500 Gramm Pasta 2 Esslöffel. Niemals Öl zufügen. Kleben die Nudeln zusammen, kann man sie mit etwas Sauce auflockern.

3 Alle Nudeln auf einmal ins Wasser geben. Sofort umrühren, damit sie nicht zusammenkleben.

4 Die Pasta bissfest kochen. Nutzen Sie die auf der Packung angegebene Garzeit als Anhaltspunkt, aber prüfen Sie die Pasta einige Minuten vor Ende dieser Garzeit.

5 Sofort in ein Sieb gießen, wenn die Pasta gar ist. Heben Sie ein wenig Kochwasser auf, um damit eventuell die Sauce verdünnen zu können.

Die Bohnenart wähle ich entsprechend meiner Stimmung und dem Gericht, das ich zubereite.

In meiner Kindheit zählten braune Linsen, Splitter- und Kichererbsen zum Wintervorrat in der Speisekammer. Als ich zum ersten Mal grüne Linsen probierte, wusste ich, dass diese in meinen Vorratsschrank gehörten. Sie schmecken viel aromatischer als die braunen. Bei meinem ersten Besuch in einem indischen Restaurant hätte ich schwören können, dass das Dal, ein kräftig gewürztes Hülsenfruchtmus, mit gelben Splittererbsen gemacht war. Die Bedienung erklärte mir, es seien rote Linsen. Wundersamerweise werden rote Linsen durch das Garen gelb.

Hülsenfrüchte bringen Farbe und wertvolle Nährstoffe in unser Leben. An kalten Winterabenden esse ich immer noch gerne Erbsensuppe mit geräucherter Schweinshachse oder einen herzhaften Kichererbseneintopf. Hülsenfrüchte kommen bei uns regelmäßig auf den Tisch, sie sind gesund, nahrhaft und nehmen den Geschmack von anderen Aromen sehr gut an.

VOLLES KORN UND RAFFINIERTES GETREIDE

- **Mais:** Popcorn, Maismehl, Maisgrieß, Polenta
- **Weizen:** Hart- und Weichweizen, Dinkel, Bulgur
- **Reis:** Langkornreis, Rundkornreis, Duftreis, Wilder und Brauner Reis
- **Hafer:** kernige und zarte Haferflocken, Instantflocken
- **Gerste:** Perlgraupen, Grütze
- **Roggen:** dunkles und helles Roggenmehl
- Hirse
- Quinoa

Bohnen und Linsen

Sie können Ihren Speiseplan mit noch mehr Ballaststoffen und Vitaminen anreichern, indem Sie Getreide mit getrockneten Bohnen, Erbsen oder Linsen kombinieren. Letztgenannte gehören alle zur Familie der Hülsenfrüchte. Hülsenfrüchte sind fettarm, enthalten viele Ballaststoffe, Folsäure, Kalium, Eisen und Magnesium. Eine Bohne und ein Korn zusammen ergeben ein vollständiges Protein, das keinerlei Cholesterin aufweist – ein vollwertiger Ersatz für Fleisch.

Bohnen, Linsen sowie Erbsen gibt es in allen möglichen Formen und Farben. Ich stelle sie in Glasbehältern auf Regale, das sieht hübsch aus. Kidney-, Cannellini-, Wachtelbohnen und schwarze Bohnen sind meine Lieblingsbohnen.

Allgemeine Praxistipps

Es gibt mehr als 100 Sorten Bohnen. Probieren Sie einfach ein paar aus, um herauszufinden, welche Sie am liebsten mögen. Achten Sie beim Einkauf auf das Verfallsdatum auf der Packung, Bohnen und andere Hülsenfrüchte sollten nicht länger als ein Jahr gelagert werden. Je älter die Bohnen sind, desto länger muss man sie garen.

Bei Linsen wie Erbsen gilt: Je kleiner, desto besser im Geschmack. Denn in der Schale, die bei kleineren Linsen und Erbsen einen höheren Anteil hat, sitzt das Aroma.

Hülsenfrüchte vor der Verwendung stets auf einem Tablett oder einer Arbeitsfläche ausbreiten und gründlich verlesen, also von Steinchen oder vertrockneten Exemplaren befreien. Dann in ein Sieb geben und unter fließendem Wasser so lange waschen, bis das Wasser klar bleibt.

Ungeschälte Hülsenfrüchte müssen vor dem Garen mindestens acht Stunden oder über Nacht eingeweicht werden. In einer Schüssel mit reichlich kaltem Wasser bedecken und Hülsenfrüchte, die obenauf schwimmen, entfernen – sie könnten von Schädlingen befallen sein. Linsen müssen nicht eingeweicht werden. Das Einweichwasser zum Kochen verwenden, damit keine Nährstoffe verloren gehen. Die Garzeit hängt vom Alter der Hülsenfrüchte und vom Härtegrad des Wassers ab. Je härter das Wasser ist, desto länger müssen sie kochen. Erst nach dem Garen salzen, sonst werden die Hülsenfrüchte nicht weich.

ZUM AUSPROBIEREN ZU HAUSE

Frische Pasta

Meine ganze Familie hat großen Spaß daran, frischen Nudelteig zuzubereiten. Bei uns gibt es jede Woche ein bis zwei Mal frische Pasta. Wenn ich den Teig aus dem Kühlschrank nehme, damit er vor dem Ausrollen zimmerwarm werden kann, stehen meine Töchter in der Küche und streiten darüber, wer den Teig ausrollen darf.

Meine Töchter finden Nudelteigmachen lustig, ich empfinde diese Tätigkeit als läuternd. Der geschmeidige Teig gleitet zuerst durch meine Finger, dann durch die Nudelmaschine, um am anderen Ende hauchdünn herauszukommen. Der Berg an in Streifen geschnittenem Teig wird langsam höher und höher, das hat etwas enorm Befriedigendes. Sobald diese Arbeit erledigt ist, landet die frische Pasta im kochenden Wasser und ist im Handumdrehen gar.

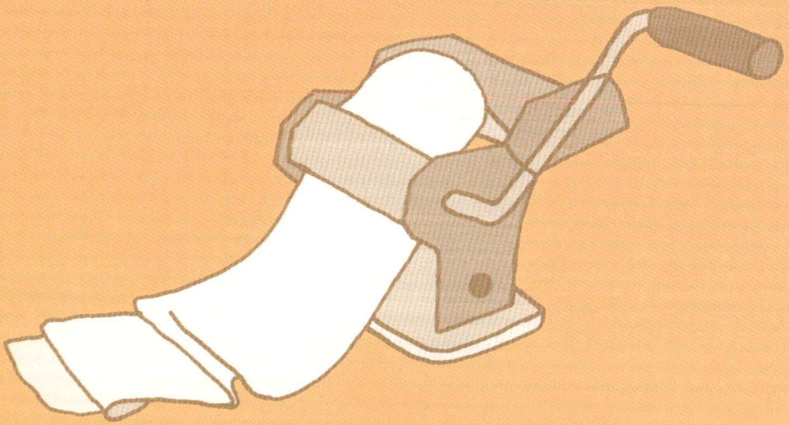

Nudelteig verarbeiten

Frischer Nudelteig lässt sich mit der Maschine oder per Hand beliebig breit schneiden. Hier finden Sie Angaben zur Breite verschiedener Nudelarten. Selbst gemachte Spaghetti werden nicht rund, sondern rechteckig. Dünne Nudeln sind für leichte Saucen, dickere für reichhaltige geeignet.

Spaghetti: 1,5 mm

Linguine: 3 mm

Tagliatelle: 5 mm

Fettucine: 6 mm

Pappardelle: 2,5 cm

Mit der Maschine schneiden

Den gewünschten Aufsatz an der Maschine anbringen und den Teig nach Herstelleranleitung portionsweise durch die Maschine drehen.

Von Hand schneiden

Ausgerollten Teig in 30 Zentimeter breite Streifen schneiden, mit Mehl bestäuben und zusammenrollen. Mit einem scharfen Messer in die gewünschte Breite schneiden.

Trocknen oder kochen

Geschnittene Nudeln auf ein mit Mehl bestäubtes Backblech legen. Sofort kochen oder zwei Stunden trocknen lassen.

Das benötigen Sie

- **große und kleine Schüssel**
- **Holzlöffel**
- **150 g Mehl Type 405**
- **150 g Hartweizenmehl (Semolina)**
- **1½ TL grobes Meersalz**
- **Schneebesen**
- **2 große Eier**
- **1 EL kalt gepresstes Olivenöl**
- **Frischhaltefolie**
- **Rollholz**
- **von Hand betriebene Nudelmaschine**

1 Zutaten vorbereiten

Mehlsorten und Salz in der großen Schüssel vermischen. Eier, 1 Esslöffel kaltes Wasser und Öl in der kleinen Schüssel verquirlen.

2 Zutaten vermengen

Eine Mulde in das Mehl drücken. Eimischung hineingießen und alles gründlich mit dem Holzlöffel vermengen, bis ein feuchter Teig entsteht.

3 Teig kneten

Den Teig auf leicht bemehlter Arbeitsfläche etwa 5 Minuten kneten, bis er elastisch ist. Ist er zu trocken, einige Tropfen Wasser zufügen. Ist er zu klebrig, etwas Mehl unterarbeiten.

4 Teig portionieren

Teig in drei Portionen teilen. Jede Portion zu einem 12 mm dicken Kreis flachdrücken. Die Kreise in Frischhaltefolie wickeln und bei Raumtemperatur 45 Minuten oder über Nacht im Kühlschrank ruhen lassen. Vor dem Ausrollen zimmerwarm werden lassen.

5 Ausrollen

Die Teigkreise jeweils 6 mm dick ausrollen. Die Walze der Nudelmaschine auf maximale Breite einstellen. Jeden Teigkreis dreimal durch die Maschine drehen, zwischendurch immer wieder in der Hälfte zusammenklappen und wenn nötig mit Mehl bestäuben. In Frischhaltefolie hüllen und 15 Minuten ruhen lassen.

6 Weiter ausrollen

Walze auf die nächste Breite einstellen und die Teigportionen durch die Maschine drehen. Walze schmaler stellen, den Teig erneut durchlaufen lassen. So fortfahren, bis die minimalste Breite erreicht ist. Teig mit Mehl bestäuben, wenn er zu klebrig wird. Er sollte so dünn sein, dass man seine Hand durchschimmern sehen kann.

7 Beiseite stellen

Die Nudelplatten mit Mehl bestäuben und zweimal einschlagen. In Frischhaltefolie wickeln und bei Raumtemperatur 30 Minuten ruhen lassen oder über Nacht kühl stellen. Dann in die gewünschte Breite schneiden.

Ricotta-Kräuter-Ravioli

Hartweizenmehl zum Bestäuben

750 g Ricotta, selbst gemacht (siehe Seite 52) oder gekauft

60 g geriebener Parmesan

1 großes Ei, leicht verquirlt

1 EL frisch gehackte Petersilie

grobes Meersalz und schwarzer Pfeffer aus der Mühle

500 g frischer Nudelteig (siehe Seite 228), in dünne Platten geschnitten

1 l heiße Tomaten-Basilikum-Sauce (siehe Seite 235) oder gekaufte Tomatensauce

Ergibt etwa 60 Ravioli
Für 4–6 Personen

Zwei tiefe Bleche mit Hartweizenmehl bestäuben. Ricotta, Parmesan, Ei und Petersilie in einer Schüssel vermengen. Mit einem Teelöffel Salz und etwas Pfeffer würzen. Die Füllung gut verrühren.

Eine Arbeitsfläche mit Mehl bestäuben. Eine Nudelplatte darauflegen. In regelmäßigen Abständen (4 cm) je einen gehäuften Teelöffel Füllung auf die Platte setzen. Die Ränder der Teigplatte und die Stellen zwischen der Füllung mit Wasser bepinseln. Eine gleich große Teigplatte darüberlegen. Teigränder und Stellen rund um die Füllung gut zusammendrücken. Es sollten keine Luftblasen entstehen. Mit einem scharfen Messer 5 cm große quadratische Ravioli ausschneiden. Dabei auf glatte Ränder achten.

Die Ravioli auf ein bestäubtes Blech setzen. Mit einem Küchentuch bedecken. Aus dem restlichen Teig und der restlichen Füllung weitere Ravioli herstellen. Ungekochte Ravioli können direkt auf dem Blech eingefroren werden. Sobald sie gefroren sind, in luftdicht verschließbare Plastikbeutel geben und innerhalb von drei Monaten verzehren.

Einen großen Topf zu drei Vierteln mit Wasser füllen. Zum Kochen bringen und zwei Esslöffel Salz zufügen. Die Hälfte der Ravioli vorsichtig ins Wasser gleiten lassen. Sobald das Wasser wieder kocht, Hitze reduzieren und die Ravioli etwa zwei Minuten köcheln lassen. Mit einem Schaumlöffel herausnehmen, abtropfen lassen und in eine große, vorgewärmte Schüssel geben. Mit einem Viertel der Tomatensauce bedecken und warm halten. Restliche Ravioli wie beschrieben garen. Mit restlicher Tomatensauce bedecken und sofort servieren.

Variante

Für Spinat-Ricotta-Ravioli 100 Gramm gedämpften, fein gehackten Blattspinat unter die Füllung mischen.

Unsere Tomatenstauden tragen immer reichlich Früchte. Deshalb pürieren wir einen Teil davon, streichen die Masse durch ein Sieb und frieren sie ein. So können wir auch im Winter den Geschmack des Sommers genießen. Ich stehe am Mixer, die Kinder sind für das Durchstreichen zuständig. Wenn Sie keine vollreifen Tomaten bekommen können, nehmen Sie stattdessen 1,25 kg gewürfelte Bio-Tomaten aus der Dose.

Pasta mit Tomaten & Basilikum

Olivenöl und Knoblauch in einen großen Topf geben. Mittelstark erhitzen und den Knoblauch etwa vier Minuten rundherum goldbraun braten. Vom Herd nehmen.

Die Tomaten waschen, vom Stielansatz befreien, vierteln und entkernen. Portionsweise im Mixer pürieren, dann durch ein feines Sieb in den Topf mit dem Knoblauch streichen. Lorbeerblatt, Zucker, einen Teelöffel Salz und etwas Pfeffer zufügen. Bei mittlerer Hitze zum Kochen bringen. Gut verrühren, die Hitze reduzieren und die Sauce offen etwa 45 Minuten köcheln lassen.

Etwa zehn Minuten vor Ende der Garzeit der Sauce in einem zweiten Topf reichlich Wasser zum Kochen bringen. Salzen und Spaghetti oder Bandnudeln nach Packungsanweisung darin bissfest garen.

Basilikum unter die Sauce rühren und nochmals fünf Minuten köcheln lassen. Mit Salz und Pfeffer abschmecken. Nudeln abgießen. Etwa 200 Milliliter Sauce in eine vorgewärmte Schüssel füllen. Nudeln zufügen und alles gut vermengen. Restliche Sauce darauf verteilen. Mit Parmesan bestreuen und sofort servieren.

Varianten

Reichen Sie Fleischbällchen (siehe Seite 217) dazu, oder mischen Sie gedünstete Pilze, gebratene Wurst oder Reste von Rinderbraten unter die Sauce.

Für die Tomaten-Basilikum-Sauce

3 EL kalt gepresstes Olivenöl

5 große Knoblauchzehen, geschält

1,5 kg vollreife Eiertomaten

1 Lorbeerblatt

2 TL Zucker

grobes Meersalz und schwarzer Pfeffer aus der Mühle

30 g frische Basilikumblätter, grob gehackt

Außerdem

375 g Spaghetti oder dünne Bandnudeln

geriebener Parmesan zum Servieren

Für 4–6 Personen

Als meine Töchter noch klein waren, mochten sie Käsemakkaroni aus dem Kühlregal lieber als meine hausgemachten. Ich war entsetzt. Ich verbannte das Fertigprodukt für ein paar Monate, es geriet in Vergessenheit, und dann setzte ich den Kindern dieses Rezept vor. Sie mochten es sofort. Wir bringen unseren Kindern Ernährungsgewohnheiten bei. Wir können ihnen auch Dinge abgewöhnen. Ich habe es selbst erlebt.

Köstliche Käsemakkaroni

Für die Sauce

2 EL Butter

50 g Mehl Type 405

750 ml Milch

1 kleine Zwiebel, fein geschnitten

½ Lorbeerblatt

1 Prise frisch geriebene Muskatnuss

grobes Meersalz und schwarzer Pfeffer aus der Mühle

Außerdem

2 EL Butter plus Butter für die Form

250 g Makkaroni

200 g gemischter geriebener Käse, zum Beispiel Greyerzer, Parmesan und mittelalter Gouda

125 g Sahne

Für 4–6 Personen

Ofen auf 180 °C vorheizen. Eine rechteckige Auflaufform oder vier bis sechs kleine Förmchen mit Butter ausstreichen.

Für die Sauce Butter in einem Topf erhitzen. Mehl mit einem Schneebesen einrühren und etwa eine Minute lang anschwitzen. Vom Herd nehmen und die Milch nach und nach unterrühren. Topf wieder auf den Herd stellen und die Mischung unter Rühren zum Kochen bringen. Zwiebel, Lorbeerblatt und Muskatnuss zufügen. Mit Salz und Pfeffer würzen. Hitze reduzieren und die Sauce unter häufigem Rühren etwa zehn Minuten lang einkochen lassen. Durch ein feines Sieb in eine große Schüssel streichen. Zugedeckt warm halten.

Reichlich Wasser in einem großen Topf zum Kochen bringen. Salzen und die Makkaroni darin nach Packungsanweisung bissfest garen. Abgießen und in einer Schüssel mit der Butter vermengen. Sauce sowie zwei Drittel des Käses zufügen und gründlich vermengen. Mit Salz und Pfeffer abschmecken.

Die Makkaronimischung in der Form oder auf die Förmchen verteilen und mit dem restlichen Käse bestreuen. Im Ofen etwa 30 Minuten lang goldbraun überbacken. Vor dem Servieren fünf Minuten abkühlen lassen.

Wenn Sie dieses Rezept mit Orecchiette machen, »Öhrchen-Nudeln«, sammelt sich die Sauce so hübsch in den Vertiefungen. Der milde Kürbis kontrastiert reizvoll mit dem salzigen Speck und zerfällt ein wenig, wenn er mit den Nudeln vermischt wird. Dadurch wird die Sauce herrlich cremig. An einem kühlen Abend schmeckt das Gericht besonders köstlich. Perfekt für ein spontanes Essen mit Freunden.

Fusilli mit Kürbis & Speck

Ofen auf 200 °C vorheizen. Kürbis- sowie Zwiebelwürfel und Öl auf einem tiefen Backblech vermischen. 1 Esslöffel Butter in Flöckchen darauf verteilen. Mit Salz und Pfeffer würzen.

Die Kürbis-Zwiebel-Mischung im Ofen etwa 45 Minuten weich garen.

Reichlich Wasser zum Kochen bringen. Salzen und die Nudeln darin nach Packungsanweisung bissfest garen. Abgießen und dabei 250 Milliliter Kochwasser auffangen. Nudeln zugedeckt warm halten.

Während die Nudeln kochen, eine sehr große Pfanne erhitzen. Den Speck darin vier bis fünf Minuten knusprig ausbraten. Auf Küchenkrepp abtropfen lassen. Speckfett bis auf einen Esslöffel abgießen und die Pfanne erneut erhitzen. Salbei darin 30 Sekunden anbraten, Kürbis-Zwiebel-Mischung zufügen und zwei Minuten braten. Pinienkerne und Speck untermischen.

Nudeln, restliche Butter sowie 60 Milliliter Kochwasser untermengen. Etwas mehr Kochwasser zufügen, wenn die Pasta zu trocken ist. Mit Salz und Pfeffer abschmecken, in eine vorgewärmte Schüssel geben und mit Parmesan bestreuen. Umgehend servieren.

750 g Butternusskürbis, geschält, entkernt und fein gewürfelt

60 g Zwiebeln, gewürfelt

1 EL kalt gepresstes Olivenöl

3 EL Butter

grobes Meersalz und schwarzer Pfeffer aus der Mühle

250 g Fusilli oder Orecchiette

4 dicke Scheiben Räucherspeck, gewürfelt

1 EL frisch gehackter Salbei

50 g Pinienkerne, leicht geröstet

60 g geriebener Parmesan

Für 4–6 Personen

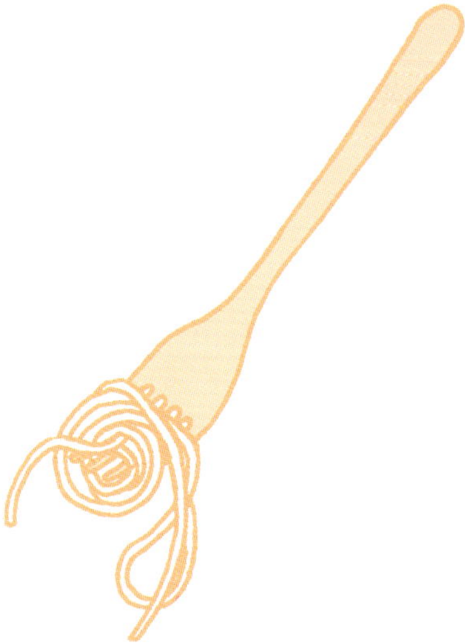

Eine Carbonara ist blitzschnell gemacht. Meine Kinder beobachten gerne, wie die heißen Nudeln mit den Eiern und dem Käse vermischt werden und wie plötzlich eine sämige Sauce entsteht. Das muss rasch geschehen, sonst gerinnen die Eier.

Spaghetti carbonara

1 EL kalt gepresstes Olivenöl

80 g durchwachsener Speck, gewürfelt

grobes Meersalz und schwarzer Pfeffer aus der Mühle

375 g Spaghetti

2 große Eier

2 EL geriebener Parmesan

60 g geriebener Pecorino

Für 4–6 Personen

Öl in einer großen Pfanne erhitzen. Den Speck darin vier bis fünf Minuten knusprig ausbraten. Beiseite stellen.

Reichlich Wasser zum Kochen bringen. Salzen und die Spaghetti darin nach Packungsanweisung bissfest garen. Inzwischen die Eier in einer kleinen Schüssel gründlich verquirlen.

Spaghetti abgießen und dabei 250 Milliliter Kochwasser auffangen. Die Nudeln in die Pfanne geben und mit dem Speck vermischen. Die Eier gründlich untermengen, Parmesan und Pecorino rasch unterheben. Eventuell etwas Kochwasser hinzufügen, falls die Pasta zu trocken ist. Alles mit reichlich Pfeffer übermahlen und mit Salz würzen. Nochmals gut durchmischen und sofort auf vorgewärmten Tellern servieren.

Ich verwende für Risotto am liebsten Carnaroli-Reis aus der Lombardei, weil er auch nach dem Kochen noch bissfest ist. Ersatzweise können Sie auch Arborio-Reis nehmen, achten Sie aber darauf, dass er nicht zu weich wird. Der fertige Risotto sollte cremig, aber nicht zu flüssig sein.

Cremiger Risotto

Geflügelfond und 500 Milliliter Wasser in einem Topf bis knapp unter den Siedepunkt bringen. Bei geringer Hitze siedend heiß halten.

Butter in einem Topf mit schwerem Boden erhitzen. Zwiebeln darin etwa vier Minuten glasig braten. Mit Salz und Pfeffer würzen.

Reis zufügen. Unter Rühren etwa drei Minuten anschwitzen, bis alle Körner von Fett überzogen sind. Wein angießen und aufkochen lassen. Ständig rühren, bis der Wein verdampft ist. Einen Schöpflöffel Fond zufügen. Unter Rühren kochen lassen, bis der Reis fast die gesamte Flüssigkeit aufgesogen hat. Diesen Vorgang wiederholen, bis der Fond aufgebraucht ist. Das dauert etwa 18 Minuten.

Der Reis ist gar, wenn die Körner weich, aber im Kern noch bissfest sind. Sollte er noch nicht perfekt sein, etwas zusätzlichen Fond oder heißes Wasser angießen und den Reis noch einige Minuten köcheln lassen.

Parmesan unterrühren. Mit Salz und Pfeffer abschmecken und sofort servieren. Den Risotto im geschlossenen Topf mit etwas heißem Fond bedecken, wenn er nicht umgehend serviert wird.

750 ml Geflügelfond (siehe Seite 180)

2 EL Butter

75 g Zwiebeln, fein gehackt

grobes Meersalz und schwarzer Pfeffer aus der Mühle

225 g Risottoreis, zum Beispiel Carnaroli oder Arborio

250 ml trockener Weißwein

30 g geriebener Parmesan

Für 4–6 Personen

Wenn man etwas gerne isst, sei es Brot oder Käse, fängt man an, sein Augenmerk darauf zu richten. Mit der Zeit lernt man dann die charakteristischen Nuancen dieses Nahrungsmittels besser kennen. Bei uns heißt dieses Nahrungsmittel Reis.

In unserer Vorratskammer befinden sich mindestens sechs unterschiedliche Reissorten. Weißer und brauner Basmatireis, Jasminreis, Langkornreis, Carnaroli sowie drei unterschiedliche Sorten Sushireis. Wir könnten einen Reisladen eröffnen. Bei uns wird für jedes Gericht ein spezieller Reis verwendet. Ich habe es aufgegeben, lediglich eine Sorte Reis zu verwenden, weil meine Kinder nörgelten, zu Sushireis würde kein Safran passen. Also gibt es Langkornreis für mexikanische, Jasminreis für thailändische, Basmatireis für indische und Carnaroli für italienische Speisen.

Reis nimmt den Geschmack anderer Zutaten wunderbar an. Das zeigt sich, wenn man ihn in Geflügel- oder Gemüsefond gart oder mit Spargel, jungen Erbsen oder frischen Kräutern vermengt. Besonders aromatisch schmeckt Reis, wenn man geriebenen Ingwer oder Kokosflocken ins Kochwasser gibt. Nicht umsonst ist Reis in vielen Ländern der Erde das Grundnahrungsmittel Nummer eins. Er ist enorm vielseitig. Je öfter Sie ihn zubereiten, desto mehr passende Zutaten werden Sie entdecken. Allmählich werden sich Ihre Lieblingssorten herauskristallisieren, und eines schönen Tages sieht Ihre Vorratskammer vielleicht so aus wie unsere – vollgefüllt mit Reis!

Zwischen meinen Kindern bricht stets ein Streit darüber aus, wer den warmen, reisbedeckten Löffel ablecken darf, wenn ich ihn aus dem Topf nehme. Meine Jüngste schwärmt besonders für diesen cremigen Kokosmilchreis. Der aromatische Duftreis behält seine Konsistenz und verschmilzt trotzdem förmlich mit der Kokosmilch. Kardamom harmoniert perfekt mit Kokosaroma, Sie können ihn aber auch weglassen.

Kokosmilchreis

375 ml Milch

750 ml ungesüßte Kokosmilch

125 g Zucker

200 g Jasmin- oder Duftreis

½ TL grobes Meersalz

1 Kardamomkapsel, leicht zerdrückt (optional)

2 große Eier

60 g ungesüßte Kokosflocken

Schlagsahne (siehe Seite 278) zum Servieren

Für 4–6 Personen

Milch, Kokosmilch, 60 Gramm Zucker, Reis, Salz und Kardamom in einem Topf vermengen. Bei mittlerer Hitze unter häufigem Rühren zum Kochen bringen. Hitze reduzieren und den Reis offen etwa 30 Minuten weich garen. Dabei häufig umrühren, damit nichts am Topfboden ansetzt. Kardamom entfernen.

Eier und restlichen Zucker in einer großen Schüssel sehr schaumig schlagen. Den heißen Reis esslöffelweise zufügen, dabei kräftig mit einem Holzlöffel rühren.

Den Reis in eine Servierschüssel oder Dessertschälchen füllen. Abkühlen lassen, mit Folie abdecken und im Kühlschrank vollständig erkalten lassen.

Ofen auf 180 °C vorheizen. Kokosflocken gleichmäßig auf einem Blech verteilen und etwa acht Minuten goldbraun rösten.

Den Milchreis mit Schlagsahne garnieren, mit Kokosflocken bestreuen und servieren.

Dieser Pilaw enthält viele gesunde Bestandteile – damit können Sie Ihre Familie wochentags wunderbar einfach versorgen. Lassen Sie sich von der geringen Wassermenge für den Reis nicht irritieren, das Hühnerfleisch gibt sehr viel Saft ab, und außerdem wird der Reis hier eher geschmort.

Hühnerpilaw

1 Poularde (2 kg), in 8 Teile geteilt

grobes Meersalz und schwarzer Pfeffer aus der Mühle

1 EL Butter

1 kleine Zwiebel, fein gehackt

2 Möhren, fein gewürfelt

2 Stangen Staudensellerie, fein gewürfelt

2 Knoblauchzehen, gehackt

325 g Basmatireis

1 TL frisch gehackter Thymian

1 EL frisch gehackte Petersilie

1 Lorbeerblatt

Für 4–6 Personen

Hühnerfleisch rundherum mit Salz und Pfeffer einreiben. Beiseite stellen. Ofen auf 220 °C vorheizen.

Butter in einem großen, verschließbaren Bräter erhitzen. Zwiebel, Möhren, Sellerie und Knoblauch darin drei bis vier Minuten anbraten. Mit Salz und Pfeffer würzen. Den Reis zufügen und unter ständigem Rühren eine Minute anschwitzen.

Vom Herd nehmen. Thymian, Petersilie und Lorbeerblatt zufügen. Die Poulardenteile auf den Reis legen, dabei darauf achten, dass sie nicht überlappen. Den Bräter ohne Deckel in den Ofen stellen und alles 15 Minuten garen. Ofentemperatur auf 180 °C reduzieren. 250 Milliliter Wasser angießen, den Bräter verschließen und den Pilaw etwa 45 Minuten im Ofen garen, bis Fleisch sowie Reis weich sind.

Herausnehmen und zugedeckt zehn Minuten ruhen lassen. Dann den Reis mit einer Gabel auflockern und das Lorbeerblatt entfernen. Den Pilaw im Bräter servieren.

Ich bin mit Linsen, die mit einem Schinkenknochen gegart werden, aufgewachsen. Wenn es bei uns Schinken gab, folgten unweigerlich Linsen. Bei diesem Rezept verwende ich aber Speck. Meine Töchter mögen den Linseneintopf am liebsten mit in Butter geschwenkten Eiernudeln.

Linseneintopf mit Spinat & Speck

Einen großen Topf mittelstark erhitzen. Speck darin etwa fünf Minuten knusprig ausbraten. Möhren, Zwiebel, Sellerie und Knoblauch zufügen. Zwei bis drei Minuten anbraten. Mit Salz und Pfeffer würzen.

Linsen zufügen und unterrühren, bis sie von Fett überzogen sind. 750 Milliliter Wasser, den Fond, Thymian und Lorbeerblatt zugeben und zum Kochen bringen. Hitze reduzieren, mit einem Teelöffel Salz würzen und die Linsen offen 35–40 Minuten weich kochen.

Blattspinat gründlich waschen, grob hacken und zur Linsenmischung geben. Etwa vier Minuten zusammenfallen lassen. Den Linseneintopf mit Salz und Pfeffer abschmecken. In eine vorgewärmte Schüssel füllen, mit gerösteten Semmelbröseln, falls verwendet, bestreuen und sofort servieren.

3 dicke Scheiben Speck, gewürfelt

2 Möhren, geschält und in 2 cm lange Stücke geschnitten

½ Zwiebel, fein gehackt

1 Stange Staudensellerie, gehackt

3 Knoblauchzehen, gepresst

grobes Meersalz und schwarzer Pfeffer aus der Mühle

450 g kleine grüne Linsen, verlesen und gewaschen

500 ml Geflügelfond (siehe Seite 180)

1 TL frisch gehackter Thymian

1 Lorbeerblatt

250 g junger Blattspinat

geröstete Semmelbrösel (siehe Seite 280) zum Servieren (optional)

Für 4–6 Personen

Dieses vegetarische Curry schmeckt am besten, wenn die Kichererbsen die Gewürze einen Tag lang aufnehmen können. Deshalb bereite ich es immer am Vortag zu. Reichen Sie frisch gekochten Basmatireis dazu, damit die Aromen gut zur Geltung kommen. Garen Sie eine gehackte Chilischote mit, wenn Sie es schärfer mögen. Servieren Sie in diesem Fall Raita (siehe Seite 65) dazu, das mildert die Schärfe.

Kichererbsencurry

Rapsöl in einem großen Topf erhitzen. Zwiebeln, Knoblauch und Ingwer darin ein bis zwei Minuten anbraten.

Kreuzkümmel, Tomaten, Garam Masala, Kurkuma, Koriander sowie 500 Milliliter Wasser zufügen. Mit einem Teelöffel Salz würzen und zum Kochen bringen. Hitze reduzieren und offen 15 Minuten köcheln lassen.

Kartoffeln und Kichererbsen untermengen. Nochmals 15–20 Minuten köcheln lassen, bis die Kartoffeln weich sind.

Das Curry mit Salz abschmecken. Koriandergrün und Limettensaft untermischen. In eine vorgewärmte Servierschüssel füllen und sofort servieren. Nach Belieben Basmatireis und Raita dazu reichen (siehe Text oben).

2 EL Rapsöl

200 g Zwiebeln, in dünne Ringe geschnitten

3 Knoblauchzehen, gepresst

3 EL frisch geriebener Ingwer

¾ TL Kreuzkümmelsamen

375 g vollreife Tomaten, gewürfelt

2 TL Garam Masala

je ½ TL gemahlene Kurkuma und gemahlener Koriander

grobes Meersalz

300 g fest kochende Kartoffeln, gewürfelt

1 kg gekochte, abgetropfte Kichererbsen (siehe Seite 281)

1 EL frisch gehacktes Koriandergrün

2 EL Limettensaft

Für 4–6 Personen

Das Geheimnis eines unwiderstehlich cremigen Hummus sind sehr weich gekochte Kichererbsen und die richtige Menge an Flüssigkeit. Geben Sie nicht zu viel Flüssigkeit auf einmal zu, sonst ist das Resultat eine Suppe. Auch mit weißen Bohnen lässt sich ein köstliches Püree zaubern.

Hummus mit Pita

500 g gekochte, abgetropfte Kichererbsen (siehe Seite 281)

225 g Tahini (Sesampaste)

125 ml frisch gepresster Zitronensaft

60 ml kalt gepresstes Olivenöl plus etwas mehr zum Beträufeln

grobes Meersalz

½ TL Cayennepfeffer

3 Pitabrote, selbst gemacht (siehe Seite 26) oder gekauft, jeweils in 8 Stücke geteilt

edelsüßes Paprikapulver zum Bestäuben

Ergibt etwa 850 g

Kichererbsen, Tahini und Zitronensaft im Mixer zu einer glatten Paste pürieren. Wenn sie zu zäh ist, ein bis zwei Esslöffel Wasser zufügen. Wasser vorsichtig dosieren, damit die Paste nicht flüssig wird. Das Öl bei laufendem Mixer in dünnem Strahl einfließen lassen. Mit einem Teelöffel Salz und dem Cayennepfeffer würzen. Hummus in eine Schüssel füllen, abdecken und einige Stunden lang kühl stellen, damit sich die Aromen verbinden.

Ofen auf 180 °C vorheizen. Die Pitastücke auf ein Blech legen, mit Öl beträufeln und mit Salz bestreuen. Im Ofen 10–15 Minuten goldbraun und knusprig backen. Kurz abkühlen lassen.

Hummus nochmals mit Salz und/oder Zitronensaft abschmecken. Mit Paprikapulver bestäuben und mit dem Pitabrot servieren.

Ich püriere die Bohnen vollständig. Sie können aber auch ein Drittel abnehmen, den Rest pürieren und die ganzen Bohnen unter das Mus mischen. Schweineschmalz kommt heute aus gesundheitlichen Gründen selten zum Einsatz. Doch mit Schmalz schmeckt das Bohnenmus am besten!

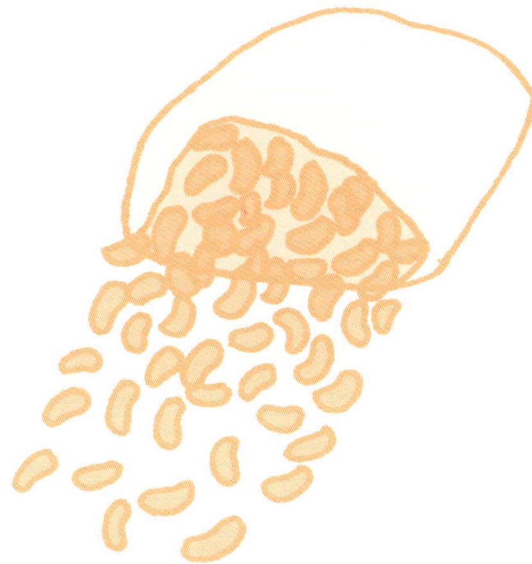

Bohnenmus

225 g getrocknete schwarze Bohnen

2 große Knoblauchzehen, geschält

1 Zwiebel, gehackt

½ TL Kreuzkümmelsamen

grobes Meersalz

60 ml Rapsöl oder 60 g Schweineschmalz

¼ TL Cayennepfeffer (optional)

Für 4–6 Personen

Die Bohnen gründlich verlesen. In einer Schüssel 10 cm hoch mit Wasser bedecken und über Nacht einweichen.

Am nächsten Tag abgießen, gut abspülen und in einen Topf füllen. Knoblauch, Zwiebel und Kreuzkümmel zufügen. Alles mit Wasser bedecken und bei starker Hitze aufkochen lassen. Aufsteigenden Schaum abschöpfen. Hitze reduzieren und die Bohnen 30 Minuten offen köcheln lassen. Einen Teelöffel Salz und eventuell etwas mehr Wasser zufügen. Nochmals 15–20 Minuten garen. Die Bohnen sollten weich, aber nicht breiig sein. Vom Herd nehmen und im Kochwasser abkühlen lassen. Dann abgießen, dabei etwas Kochwasser auffangen.

Die Bohnen im Mixer zu einer glatten Paste pürieren. Etwas Kochwasser zufügen, wenn die Paste zu zäh ist. Mit Salz abschmecken.

Rapsöl oder Schmalz in einer Pfanne erhitzen. Das Bohnenpüree zufügen und unter ständigem Rühren etwa sieben Minuten anbraten. Mit Salz abschmecken und nach Belieben mit Cayennepfeffer würzen. Sofort servieren.

Schokolade, Zucker, Zimt, Muskat und Ingwer. Mit diesen Zutaten lassen sich wunderbare Köstlichkeiten zubereiten.

Zucker, Gewürze & Schokolade

Kakao, Vanille, Zimt und Zucker versüßen täglich unser Leben. Das war jedoch nicht immer so. Vor einigen Jahrhunderten waren diese Zutaten extrem wertvoll und lediglich den Reichen vorbehalten. Wegen Gewürzen wurden Kriege geführt und Handelsblockaden errichtet. Bei den Azteken in Mexiko fungierten Kakaobohnen neben Gold als Zahlungsmittel. Wir können uns nur eine ungefähre Vorstellung davon machen, wie die Welt ohne diese Ingredienzien aussah. Heute erachten wir sie als selbstverständlich und verwenden sie für luftige Soufflés, knusprige Kekse, Schokoladentörtchen, reichhaltige Cremes und vieles mehr. Die erbitterten Konflikte, die aufgrund dieser einst teuren Pflanzenstoffe entstanden, sind inzwischen längst in Vergessenheit geraten.

Ob Sie nun bei Schokoladentörtchen oder Apfelkuchen mit Zimt schwach werden: Zucker ist einfach köstlich, vor allem in Kombination mit Gewürzen, Schokolade oder Früchten.

Süßer, süßer Zucker

Zucker ist ein fleißiger Arbeiter. Er sorgt dafür, dass Eiweiße sehr steif werden, wenn man eine Baisermasse aufschlägt, er macht Kuchen zart, süßt Kaffee oder Tee, verwandelt sich in Karamell, wenn er erhitzt wird, und bildet die Basis für alle möglichen Glasuren. Außerdem konserviert er Marmeladen und Konfitüren. In Indien wurde Zuckerrohr bereits 8000 v. Chr. kultiviert. Zwischen 700 und 900 n. Chr. brachten die Araber das Zuckerrohr in den Mittelmeerraum. Es gedeiht aber nur in tropischem Klima, deshalb bauten es die Spanier und Portugiesen auf den Westindischen Inseln an. Die Holländer legten in Indonesien Zuckerrohrplantagen an. Mit der Neuzeit kam der Zucker nach Europa, blieb jedoch jahrhundertelang ein Luxusartikel für Adelige und reiche Kaufleute. Mitte des 18. Jahrhunderts fand ein Berliner Apotheker heraus, dass man Zucker auch aus der Runkelrübe gewinnen kann, 1802 wurde die erste Zuckerrübenfabrik in Betrieb genommen. Bald konnte der Rübenzucker auch preislich mit dem Rohrzucker konkurrieren. Heute werden etwa 55 Prozent der weltweiten Zuckerproduktion aus Zuckerrohr und 45 Prozent aus Zuckerrüben gewonnen.

Zuckersorten werden nach Qualitätsmerkmalen unterschieden, vom Vollrohrzucker bis zur Raffinade, dem gebräuchlichsten weißen Streuzucker, den es in unterschiedlichen Körnungen gibt. Vollrohrzucker besteht aus dem reinen, getrockneten Saft des Zuckerrohrs. Er verdankt seine braune Farbe Melasseresten, die an den Kristallen haften. Vollrohrzucker ist unraffiniert und enthält alle Mineralstoffe des Zuckerrohrs, insbesondere Eisen, Magnesium und Kalzium, sowie B-Vitamine. Eine dunklere Version des Roh-Rohrzuckers mit gröberen Kristallen nennt man Demerarazucker. Muscovadozucker ist ungereinigter, unraffinierter

brauner Rohrzucker. Raffinade, meist als Kristallzucker bezeichnet, wird aus Zuckerrohr oder -rüben hergestellt und durch Raffination gereinigt. Puderzucker ist die am feinsten gemahlene Raffinade.

Zucker lagern

Alle Zuckersorten sind sehr feuchtigkeits- und geruchsempfindlich. Sie sollten daher trocken, gut verschlossen und fern von allen störenden Gerüchen gelagert werden. Achten Sie auf das Haltbarkeitsdatum auf der Packung, bevor Sie Zucker in eine Dose füllen. Bewahren Sie braunen Zucker im Kühlschrank auf, damit er nicht verklumpt oder hart wird. Hart gewordenen Zucker können Sie 30 Sekunden in der Mikrowelle oder im heißen Backofen erhitzen. Dann sofort verwenden.

ZUCKER KARAMELLISIEREN

Ist ganz einfach, man muss nur vorsichtig vorgehen. Fangen Sie mit einer kleinen Menge an. Wenn Sie geübter sind, können Sie sich an größere Mengen wagen. Halten Sie eine Schüssel mit Eiswasser bereit. Falls Ihre Haut einen Spritzer heißen Karamell abbekommen sollte, einen Waschlappen ins Eiswasser tauchen und den Spritzer damit entfernen.

1 60 g Kristallzucker in einen kleinen Topf mit schwerem Boden geben. Unter ständigem Rühren mit einem Holzlöffel mittelstark erhitzen, bis der Zucker schmilzt.

2 Weiterrühren, bis der Zucker goldbraun wird. Größere Klumpen mit dem Löffel zerteilen, sie werden sich auflösen, sobald der Zucker vollständig karamellisiert ist. Den Zucker so lange erhitzen und rühren, bis eine zähflüssige, goldbraune Masse entstanden ist.

DER »DUTCH PROCESS«

Der niederländische Apotheker Coenraad Johannes van Houten entwickelte um 1830 den so genannten Dutch Process, bei dem Kakao durch Behandlung mit Natriumcarbonat weniger sauer, besser wasserlöslich, dunkler in der Farbe sowie weicher im Geschmack wird. Das Produkt wird aufgrund der verbesserten Eigenschaften in vielen Produkten wie Schokolade oder Eiscreme eingesetzt. Der Prozess vermindert die Menge der im Kakao enthaltenen Antioxidantien. Aufgrund der verminderten Säuren ist dieses Kakaopulver nur bedingt zum Backen geeignet, weil Triebmittel damit nicht gut reagieren. Naturbelassenes Kakaopulver ist beim Kochen und Backen die bessere Wahl. Es schmeckt auch intensiver nach Schokolade.

Schokolade, Speise der Götter

Bei den Azteken galt Kakao als berauschendes Lebensmittel, das zu Ehren des Kakaogottes nur von adligen Männern konsumiert werden durfte. Kakao enthält ein natürliches Antidepressivum, das die Ausschüttung von Endorphinen fördert und somit einen Glückszustand bewirkt. Vielleicht macht uns Schokolade deshalb glücklich? Auf jeden Fall sollten Sie die Leckerei originalverpackt in Alufolie bei kühler Raumtemperatur lagern.

Wie Schokolade entsteht

Schokolade wird aus den Bohnen des Kakaobaums gewonnen, der im tropischen Regenwald wächst. Es werden drei Kakaobaumsorten kultiviert: Forastero, aus dessen Früchten etwa 80 Prozent der weltweiten Produktion stammen, Criollo und Trinitario, auf die jeweils 10 Prozent entfallen. Die beste Schokolade ergeben die Bohnen von Criollo und Trinitario.

Die geernteten Bohnen werden mitsamt Fruchtfleisch in Gärkästen gelegt, wo sie innerhalb von etwa sechs Tagen fermentieren. Dabei werden Bitterstoffe abgebaut, und die Aromen bilden sich heraus. Dann werden die Bohnen gewaschen, mehrere Tage lang getrocknet, sortiert und schließlich zu Schokoladenfabriken transportiert. Die Kakaobohnen werden bei Temperaturen von 100 bis 160 °C geröstet und im Mahlwerk in kleine Stücke zerbrochen. Daraufhin werden die Schalenteile entfernt. Was übrig bleibt, wird Kakaobruch genannt. Dieser wird nun gemahlen, wobei das in den Zellen eingeschlossene Fett, die Kakaobutter, austritt. Sie verbindet die Bruchstücke zu einer zähflüssigen, dunkelbraunen Kakaomasse.

Aromatische Gewürze

Die Gewürzgewinnung ist seit jeher eine mühselige Arbeit. Wir betrachten Gewürze als selbstverständlich, aber wir sind auch nicht diejenigen, die sie ernten, sortieren, enthülsen, trocknen und mahlen müssen. Die meisten Gewürze gedeihen in den tropischen Regionen Asiens, Afrikas, Südamerikas und des Nahen Ostens.

Das Aroma von Gewürzen reicht von süß bis pikant. Piment, Zimt, Muskat, Nelken, Ingwer und Kardamom haben einen süßlichen Geschmack. Kurkuma, Kümmel, Kreuzkümmel, Senfsamen und weißer sowie schwarzer Pfeffer weisen ein herzhaftes Aroma auf. Koriander, Fenchelsamen und Safran liegen irgendwo zwischen süß und pikant.

Ganze Körner oder Samen liefern in der Regel die beste Qualität. Sobald Gewürze gemahlen sind, verlieren sie an Geschmack, weil ihre Aromaöle freigesetzt worden sind. Kaufen Sie Gewürze möglichst ganz, und mahlen Sie sie mit einer elektrischen Mühle, oder zerreiben Sie sie im Mörser. Gemahlene Gewürze nur in kleinen Mengen kaufen. Gewürze stets luftdicht verschlossen und kühl lagern. Ganze Körner oder Samen bei 180 °C kurz im Ofen oder in einer heißen Pfanne ohne Fettzugabe rösten, damit ihr Aroma aktiviert wird.

Ein Wort zu Zimt

Im Handel befinden sich Cassia- und Ceylon-Zimt oder Echter Zimt. Cassia-Zimt enthält das als gesundheitsschädlich geltende Cumarin und schmeckt bei Weitem nicht so aromatisch wie der teurere Ceylon-Zimt. Cassia-Zimt stammt aus China, Indonesien oder Vietnam, achten Sie beim Zimtkauf also auf das Herkunftsland.

DIE WELT DER SCHOKOLADE

- Weiße Schokolade: Ist streng genommen eigentlich gar keine Schokolade, weil sie keine Kakaomasse enthält. Sie besteht aus Milchpulver, Zucker, Kakaobutter, Vanille und Lecithin (ein Emulgator). Weiße Schokolade wird vor allem für Backwaren und für Dekorationen verwendet.
- Milchschokolade: Besteht aus Kakaomasse, Vanille, Milchpulver, Kakaobutter und Zucker. Sie eignet sich wunderbar für den direkten Verzehr – als Schokoriegel – und zum Backen, falls ein sanfter Schokoladengeschmack gewünscht wird.
- Bitterschokolade: Ist Schokolade mit einem höheren Kakaoanteil, sie enthält mindestens 50 Prozent Kakaomasse. Je höher der Kakaoanteil, desto herber und weniger süß schmeckt Bitterschokolade. Ich verwende zum Backen Bitterschokolade mit 60 bis 70 Prozent Kakaomasse, das ergibt herrlich aromatische Teige und Massen. Es gibt auch Bitterschokolade mit 85 Prozent Kakaomasse. Diese sollte nur vorsichtig erhitzt werden, sie enthält weniger Emulgatoren und stockt rasch.
- Kuvertüre: Ist hochwertige Schokolade und darf als Fett nur Kakaobutter enthalten. Dunkle Kuvertüre hat mindestens 31 Prozent Gesamtfett sowie mindestens 16 Prozent entölte Kakaotrockenmasse. Kuvertüre ist das Ausgangsmaterial für feine Glasuren, Pralinen, Füllungen und Schokomassen. Aroma und Geschmack von Kuvertüre sind unübertrefflich. Sie sollte keinesfalls mit Schokoladenfettglasur verwechselt werden, einem Produkt, das nur erhitzt werden muss, um eine gebrauchsfertige Glasur zu erhalten.
- Kakaopulver: Zur Herstellung von Kakaopulver wird die Kakaomasse gepresst, dabei fließt die Kakaobutter ab. Der Rückstand, der so genannte Kakaopresskuchen, kann stark oder schwach entölt sein. Er wird zerkleinert und zu Kakaopulver zermahlen.

ZUM AUSPROBIEREN ZU HAUSE

Selbst gemachte Marshmallow-Sterne

Es ist faszinierend, zu beobachten, wie sich aus Gelatine und heißem Zuckersirup langsam eine schaumige Masse bildet. Wenn Sie jemals hausgemachte Marshmallows probiert haben, werden Sie nie wieder welche im Plastikbeutel kaufen.

Wir machen oft Marshmallows zum Verschenken, weil sie so hübsch aussehen. Unsere Freunde wundern sich schon darüber. Ich habe ihnen nie erzählt, wie viel Spaß es macht, Marshmallows herzustellen, sonst bekämen wir sicher ernsthafte Konkurrenz.

Die Zubereitung ist nicht ganz ungefährlich. Die heiße Masse kann beim Schlagen spritzen und Verbrennungen verursachen. Kinder sollten also dem Mixer fernbleiben. Tragen Sie den heißen Zuckersirup vorsichtig durch die Küche.

Variationen

Mengen Sie Aromen oder Farbe unter die Marshmallow-Masse, sobald sie weiß und cremig ist.

Kakao-Marshmallows
Fügen Sie 2 Esslöffel Kakaopulver hinzu.

Pfefferminz-Marshmallows
Rühren Sie ½ Teelöffel Pfefferminzextrakt ein.

Bunte Marshmallows
Färben Sie die Marshmallow-Masse mit Lebensmittelfarbe. So viel Farbe zufügen, bis die gewünschte Farbintensität erreicht ist.

In Schokolade getauchte Marshmallows

Marshmallow-Platte in 12 Quadrate schneiden. Leicht mit Puderzucker bestäuben. Auf einen Gitterrost über einem mit Backpapier belegten Blech setzen. 250 g Bitterschokolade im Wasserbad schmelzen und die Marshmallows damit überziehen. Den Gitterrost leicht bewegen, damit überschüssige Schokolade abfließt. Die Marshmallows auf dem Rost 20 Minuten kühl stellen. Luftdicht verschlossen an einem kühlen Ort aufbewahren.

Das benötigen Sie

- **30 g Speisestärke**
- **60 g Puderzucker**
- **große Backform (28 x 23 cm) mit hohem Rand**
- **Alufolie**
- **Rapsöl für das Blech**
- **1½ EL Pulvergelatine**
- **¼ TL grobes Meersalz**
- **¼ TL Weinstein**
- **300 g Kristallzucker**
- **1 EL Maissirup**
- **1 TL Bourbon-Vanillezucker**
- **sternförmige Ausstechform (4 cm)**

1 Blech vorbereiten

Speisestärke und Puderzucker in eine Schüssel sieben. Die Form mit Alufolie auskleiden und dünn mit Öl bestreichen. Anschließend mit 3 Esslöffeln der Puderzuckermischung ausstäuben. Überschüssigen Zucker auf dem Boden des Blechs belassen.

2 Gelatine auflösen

125 ml Wasser in die Rührschüssel einer Küchenmaschine geben. Gelatine einrühren und 5 Minuten quellen lassen. Salz und Weinstein untermischen und auf hoher Stufe 2–3 Minuten schaumig schlagen.

3 Zucker auflösen

125 ml Wasser in einen Topf geben. Kristallzucker und Sirup gut unterrühren und bei mittlerer Hitze zum Kochen bringen. Ohne zu rühren köcheln lassen, bis die Flüssigkeit hell ist. Ein Zuckerthermometer sollte 120 °C anzeigen.

4 Zutaten vermengen

Küchenmaschine auf mittlere Geschwindigkeit stellen. Heißen Zuckersirup vorsichtig nach und nach zur Gelatinemischung fließen lassen.

5 Masse aufschlagen

Masse bei hoher Geschwindigkeit 5 Minuten schlagen, bis sie weiß und cremig ist. Den Vanillezucker zufügen und nochmals 20 Minuten kräftig schlagen.

6 Masse fest werden lassen

In der Form verteilen. Mit einer in kaltes Wasser getauchten Palette glatt streichen. 1 Stunde ruhen lassen, bis sich eine Haut gebildet hat. Mit einem Viertel der Puderzuckermischung bestäuben. Über Nacht fest werden lassen.

7 Sterne ausstechen

Ein Blech mit Backpapier belegen und mit restlicher Puderzuckermischung bestäuben. Ausstecher in die Mischung tauchen und aus der Marshmallow-Platte Sterne ausstechen. Auf das Blech setzen und mit Puderzucker bestäuben. Mit Folie abdecken und maximal 2 Wochen aufbewahren.

Meine Töchter lieben diese Kalorienbombe. Nehmen Sie fettarme Milch und keine Sahne, wenn es etwas weniger üppig sein soll. Falls Sie Ihre Schokolade reichhaltig mögen, können Sie natürlich auch noch mehr Sahne zugeben. Sobald die Marshmallows mit der heißen Schokolade in Berührung kommen, verwandeln sie sich in eine langsam schmelzende, schaumige Masse. Einfach köstlich!

Heiße Schokolade mit Marshmallows

1 l Milch

125 g Sahne

200 g Bitter- oder Milchschokolade oder eine Mischung aus beiden, grob geraspelt

1 TL Bourbon-Vanillezucker

¼ TL gemahlener Zimt (optional)

2–4 EL Zucker

Marshmallow-Sterne (siehe Seite 258)

Für 4–6 Personen

Milch und Sahne in einen Topf mit schwerem Boden füllen und erhitzen. Bis knapp unter den Siedepunkt bringen.

Schokolade, Vanillezucker und Zimt einrühren. Kräftig mit einem Schneebesen verrühren, bis die Schokolade vollständig geschmolzen ist. Zucker nach Geschmack zufügen.

In vorgewärmte Becher oder Tassen füllen. Jeweils zwei Marshmallow-Sterne zufügen und sofort servieren.

Als ich mein erstes Kochbuch schrieb, war meine jüngere Tochter zwei Jahre alt. Ich setzte sie in ihren Kinderhochstuhl, wo sie vor sich hin plapperte und mit Messbechern sowie -löffeln spielte, während ich Rezepte ausprobierte. Eines Morgens machte ich Schokoladenkuchen. Am frühen Nachmittag war die Küche vom Duft warmer Schokolade erfüllt. Ich nahm den ersten Versuch aus dem Ofen, und plötzlich verstummte meine Tochter. Ich stellte den nicht perfekt aufgegangenen Kuchen auf die Küchentheke und begann, Teig für einen neuen zu rühren. Ich merkte, wie sich die Augen meiner Jüngsten in meinen Rücken bohrten. Die Stille beunruhigte mich, ich drehte mich um und sah sie an. Sie saß sehr aufrecht da und starrte abwechselnd mich und den Kuchen an. Dann schlug sie die Messbecher gegen ihren Hochstuhl und skandierte: »Schokoladenkuchen! Schokoladenkuchen!« Dabei konnte sie sonst kaum ein ganzes Wort klar artikulieren.

Ich schnitt ihr eine Scheibe ab, sie verschlang sie und verlangte sofort noch eine. Nach einer weiteren Scheibe versteckte ich den Kuchen, ich war mir nicht sicher, wie viel Schokolade eine Zweijährige essen sollte. Dann setzte ich sie nach draußen in den Sandkasten, wo sie fröhlich Sandkuchen machte und »Schokoladenkuchen« vor sich hin murmelte. Ich hatte soeben beobachtet, wie jemand zum Schokoladenliebhaber wurde.

Heute sind bei ihr und ihren Freundinnen eher Schokotörtchen als Schokoladenkuchen angesagt. Eine gute Freundin von mir, die vier Kinder hat, lässt die Buttercreme weg und bestäubt die Törtchen mit Puderzucker, um Zeit zu sparen.

Soufflés machen Eindruck und sind überraschend leicht zuzubereiten. In meiner Familie stürzen sich alle auf noch heißes Schokoladensoufflé und verschlingen es mit reichlich selbst gemachtem Vanilleeis (siehe Seite 71). Sie sollten nur darauf achten, dass sich niemand die Zunge verbrennt.

Schokoladensoufflé

2 EL Butter plus 1 EL geschmolzene Butter für die Form

200 g Kristallzucker

200 g Bitterschokolade mit mindestens 70 % Kakaoanteil, fein gehackt

2 EL Sahne

4 große Eigelb

1 TL Bourbon-Vanillezucker

6 große Eiweiß

¼ TL grobes Meersalz

¼ TL Weinstein

Puderzucker zum Bestäuben

Für 4–6 Personen

Einen Gitterrost in die mittlere Einschubleiste des Ofens geben, damit das Soufflé ausreichend Platz zum Aufgehen hat. Ofen auf 220 °C vorheizen. Eine Souffléform mit 1,5 Litern Fassungsvermögen mit der geschmolzenen Butter ausstreichen und mit 60 Gramm Kristallzucker ausstreuen. Überschüssigen Zucker abklopfen.

Restliche Butter, Schokolade und Sahne in einer hitzebeständigen Schüssel vermengen. Die Schüssel in einen Topf mit siedendem Wasser stellen, der Schüsselboden sollte das Wasser dabei aber nicht berühren. Die Schokolade unter gelegentlichem Rühren schmelzen. Warm halten. Eigelbe, Vanillezucker und 60 Gramm Kristallzucker schaumig rühren. So lange rühren, bis die Masse fast weiß ist. Die Schokoladenmischung unterziehen.

Eiweiße zusammen mit Salz steif schlagen. Restlichen Zucker langsam einrieseln lassen und den Schnee so lange schlagen, bis er Spitzen zieht. Mit einem Schneebesen unter die Schokoladenmasse ziehen, in die Form füllen und glatt streichen.

15 Minuten backen. Ofentemperatur auf 200 °C reduzieren. Das Soufflé nochmals 25–30 Minuten backen. Backofentüre keinesfalls vor Ende der Backzeit öffnen, sonst fällt das Soufflé zusammen. Dick mit Puderzucker bestäuben und warm servieren.

Kinder bevorzugen oft Milchschokolade, die meisten Erwachsenen Bitterschokolade. In diesem Rezept habe ich beide Sorten verwendet. Die Kinder können die Schokolade raspeln. Garnieren Sie den Pudding mit frischen Himbeeren, das sieht hübsch aus.

Schoko-Sahne-Pudding

- 4 große Eier
- 150 g Zucker
- 4 EL Speisestärke
- 2 TL Kakaopulver, gesiebt
- ½ TL Salz
- 1 l Milch
- 1 Prise gemahlener Zimt
- 1 TL Bourbon-Vanillezucker
- 90 g Milchschokolade, gehackt
- 60 g Bitterschokolade, gehackt
- 250 g Sahne, gut gekühlt
- 3 TL Zucker
- 50 g Bitterschokolade, fein geraspelt

Für 6 Personen

Eier, Zucker, Speisestärke, Kakao und Salz in einer hitzebeständigen Schüssel gut verrühren. Milch in einem großen Topf bis knapp unter den Siedepunkt erhitzen und den Zimt untermischen. Die heiße Milch unter ständigem Rühren langsam zur Eimischung geben.

Die Mischung wieder in den Topf geben und bei mittlerer Hitze unter ständigem Rühren drei bis vier Minuten einkochen lassen, bis ein dickflüssiger Pudding entsteht. Durch ein feines Sieb in eine große Schüssel streichen. Vanillezucker, Milch- und Bitterschokolade zufügen und so lange rühren, bis die Schokolade vollständig geschmolzen ist. Die Oberfläche des Puddings mit Folie abdecken, damit sich keine Haut bildet. Abkühlen und dann im Kühlschrank vollständig erkalten lassen.

Sechs Dessertgläser mit jeweils 250 Millilitern Fassungsvermögen bereithalten.

Sahne zusammen mit Zucker steif schlagen. Abwechselnd eine Lage Schlagsahne und Pudding in die Gläser schichten, dabei mit Pudding beginnen und mit Sahne abschließen. Jede Portion mit Schokoraspeln bestreuen und servieren.

Nach der Schnelligkeit zu urteilen, mit der Karamellpudding in unserem Haus verschwindet, scheint er ziemlich unwiderstehlich zu sein. Servieren Sie ihn bei einem Dinner mit Freunden, er muss ohnehin am Vortag gemacht werden.

Karamellpudding

Ofen auf 180 °C vorheizen. Sechs Puddingförmchen mit jeweils 200 Millilitern Fassungsvermögen in eine Backform stellen. Sahne und Milch aufkochen lassen, dann warm halten.

Kristallzucker unter ständigem Rühren in einem Topf drei bis vier Minuten erhitzen, bis er goldbraun ist (siehe Seite 255). Vom Herd nehmen. Die heiße Sahnemischung esslöffelweise unterrühren. Den Topf nochmals erhitzen und so lange rühren, bis sich der Zucker vollständig aufgelöst hat. Warm halten.

Eigelbe, Demerarazucker und Salz in einer großen Schüssel schaumig rühren. Die heiße Karamellmischung unter ständigem Rühren nach und nach untermischen. Durch ein feines Sieb in einen Krug gießen. Etwaige Luftbläschen an der Oberfläche mit einem Schöpflöffel entfernen.

Den Pudding in die Förmchen füllen. Jeweils mit robuster Alufolie abdecken. Die Backform zur Hälfte mit kochend heißem Wasser anfüllen, in den Ofen schieben und den Pudding 50–55 Minuten garen. Herausnehmen, Folie entfernen und abkühlen lassen. Abdecken und den Pudding über Nacht kühl stellen.

500 g Sahne

125 ml Milch

60 g Kristallzucker

6 große Eigelb

100 g Demerarazucker

¼ TL grobes Meersalz

Für 6 Personen

Ob rund, eckig oder herzförmig: Diese knusprigen Kekse mit leckerer Konfitüre schmecken einfach köstlich. Meine Töchter dürfen die Kekse zusammensetzen und leicht zusammendrücken, bis die Konfitüre durch das Loch in der Mitte quillt. Besser kann man einen verregneten Nachmittag nicht verbringen.

Linzer Augen

100 g fein gemahlene geröstete Mandeln

300 g Mehl Type 405

1 TL grobes Meersalz

1 TL gemahlener Zimt

250 g weiche Butter

100 g Puderzucker plus Puderzucker zum Bestäuben

1 TL Bourbon-Vanillezucker

400 g Aprikosenkonfitüre

Ergibt etwa 18 Kekse

Mandeln, Mehl, Salz und Zimt vermengen. Butter mit einem Mixer zwei bis drei Minuten in einer großen Schüssel schaumig rühren. Puderzucker sowie Vanillezucker zufügen und zwei bis drei Minuten weiterrühren. Mehlmischung einarbeiten, bis ein glatter Teig entsteht.

Den Teig auf bemehlter Arbeitsfläche gut durchkneten. Zu einer Scheibe flachdrücken und halbieren. Jede Hälfte zwischen zwei Lagen Backpapier 3 mm dick ausrollen, auf ein Blech legen und 30 Minuten kühl stellen.

Ofen auf 180 °C vorheizen. Zwei Bleche mit Backpapier belegen. Eine Teigplatte aus dem Kühlschrank nehmen. Mit einem beliebig geformten Ausstecher (6 cm) Kekse ausstechen und auf ein Blech setzen. Bei der Hälfte der Kekse mit einem kleinen Ausstecher (12 mm) jeweils ein Loch ausstechen. Teigreste ausrollen und kühl stellen. Den gesamten Teig auf diese Weise verarbeiten.

Die Kekse 12–15 Minuten backen. Fünf Minuten auf dem Blech abkühlen lassen. Die Kekse mit den Löchern auf ein Kuchengitter setzen. Auf die restlichen Kekse jeweils einen Teelöffel Konfitüre geben. Kekse mit Loch daraufsetzen und leicht zusammendrücken. Die Linzer Augen dick mit Puderzucker bestäuben. In einen luftdicht verschließbaren Behälter schichten und nicht länger als eine Woche aufbewahren.

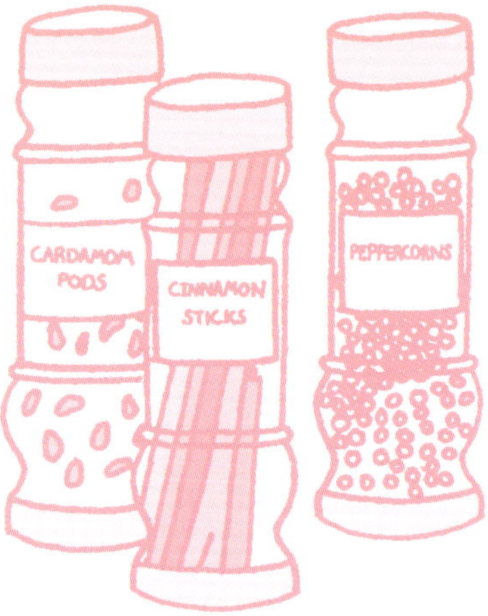

An kalten Tagen mache ich es mir mit diesem Tee und einem guten Buch auf dem Sofa gemütlich. Das Rösten der Gewürze setzt die Aromastoffe frei. Ich bevorzuge diese Mischung, Sie können aber Ihre eigene kreieren. In Indien hat jede Familie ihr eigenes Rezept für Chai.

Indischer Gewürztee

1 TL Fenchelsamen

3 Kardamomkapseln, aufgeschlitzt

8 Pfefferkörner

8 Koriandersamen

8 Gewürznelken

1 Zimtstange, 10 cm lang

500 ml Milch

1 EL geschälter und fein geschnittener frischer Ingwer

2 EL Assam-Tee

Zucker oder Honig zum Süßen

Für 4–6 Personen

Ofen auf 180 °C vorheizen. Alle Gewürze außer den Ingwer auf ein Blech geben und etwa fünf Minuten im Ofen rösten. In eine Schüssel füllen und mit dem Rücken eines Holzlöffels leicht zerdrücken.

Milch, 500 Milliliter Wasser, geröstete Gewürze und Ingwer in einen Topf geben. Erhitzen und einmal aufkochen lassen. Vom Herd nehmen und 20 Minuten ziehen lassen.

Die Mischung erneut bis knapp unter den Siedepunkt bringen. Den Tee einrühren und den Topf vom Herd nehmen. Zugedeckt drei bis vier Minuten ziehen lassen. Durch ein feines Sieb in vorgewärmte Becher füllen. Mit Zucker oder Honig süßen und sofort servieren.

Varianten

Für Vanille-Chai ein drei Zentimeter langes Stück Vanilleschote aufschlitzen, auskratzen und mit den Gewürzen zur Milchmischung geben.

Für Orangen-Chai ein sieben Zentimeter langes Stück Zeste von einer unbehandelten Orange mit den Gewürzen zur Milchmischung geben.

Für Gewürzkakao die Milchmischung nach dem Durchziehen abseihen, erhitzen und anstelle des Tees 100 Gramm geraspelte Bitterschokolade unterrühren.

Dieser aromatische Gewürzkuchen ist herrlich saftig. Achten Sie beim Ingwer auf gute Qualität und Frische. Ich serviere den Kuchen mit gut gekühlter Schlagsahne. Die wärmenden Gewürze bilden einen wunderbaren Kontrast zu der kalten Sahne.

Gewürzkuchen

Ofen auf 180 °C vorheizen. Eine Kastenform mit Butter ausstreichen und mit Mehl ausstäuben. Überschüssiges Mehl abklopfen.

Mehl, Salz, Backpulver, Speisenatron, gemahlenen Ingwer sowie Zimt und Nelken vermischen. Frischen Ingwer, 125 Milliliter heißes Wasser und Melasse in einer kleinen Schüssel vermengen.

Butter und beide Zuckersorten schaumig rühren. Eier und Eigelb einzeln unterrühren. Unter ständigem Rühren abwechselnd Mehl- und Melassemischung zugeben, dabei mit Mehlmischung beginnen und aufhören. Die Buttermilch unterrühren und den Teig fünf Sekunden lang auf höchster Stufe schlagen. In die Form füllen und glatt streichen.

Etwa 45 Minuten backen, bis an einem in die Mitte gesteckten Holzstäbchen kein Teig mehr haften bleibt. Den Gewürzkuchen auf einem Kuchengitter abkühlen lassen. Noch warm in der Form servieren.

Butter für die Form

450 g Mehl Type 405

1 TL grobes Meersalz

1 TL Backpulver

½ TL Speisenatron

je 1 TL gemahlener Ingwer und Zimt

1 Prise gemahlene Nelken

1 EL frisch geriebener Ingwer

170 g dunkle, ungeschwefelte Melasse

200 g weiche Butter

je 125 g Kristall- und Roh-Rohrzucker

2 Eier plus 1 Eigelb

125 ml Buttermilch

Für 8 Personen

Varianten

3 Birnen schälen, halbieren, entkernen und mit vier Esslöffeln braunem Zucker karamellisieren lassen. In die gebutterte Form legen und den Teig darübergeben. Den Kuchen wie angegeben backen. Nach dem Abkühlen stürzen und auf einer Platte servieren.

Wenn Erwachsene dieses Eis am Stiel sehen, werden sie wieder zu Kindern. Es ist »soooooo guuuut«, sagt meine Tochter. Die Zubereitung erfordert kein spezielles Zubehör. Sie können auch eine Springform (24 cm) verwenden, das Eis in Stücke schneiden und jeweils am abgerundeten Ende mit einem Stiel versehen. Oder die Stiele weglassen und einfach Kugeln abstechen.

Orangen-Vanille-Eis am Stiel

1 l Vanilleeis, selbst gemacht (siehe Seite 71) oder hochwertiges gekauftes Vanilleeis, 20 Minuten vor der Verwendung aus dem Gefriergerät genommen

125 ml gefrorenes Orangensaftkonzentrat, halb aufgetaut

Ergibt 10 Stück

Eine Kastenform mit Frischhaltefolie auskleiden, dabei an den Längsseiten jeweils 15 Zentimeter Folie überhängen lassen.

Vanilleeis und Orangensaftkonzentrat in einer Schüssel gründlich vermengen. In die Form füllen und diese mit der Folie verschließen. Über Nacht gefrieren lassen.

Am nächsten Tag das Eis längs halbieren und in zehn Rechtecke schneiden. Jedes Rechteck mit einem Pfannenwender herausheben und einen Holzstiel hineinstecken. Wenn das Eis am Stiel bei diesem Vorgang zu sehr schmilzt, auf ein Blech legen und nochmals einfrieren.

Vom Blech servieren oder einzeln in Wachspapier einschlagen und innerhalb einer Woche verbrauchen.

Grundrezepte

Mürbeteig

200 g Mehl Type 405

¾ TL grobes Meersalz

150 g kalte Butter, gewürfelt

½ TL weißer destillierter Essig

3–4 EL Eiswasser

Mehl und Salz in einer Schüssel vermischen. Butterwürfel darüber verteilen und mit einer Palette oder zwei Messern rasch einarbeiten, bis erbsengroße Streusel entstehen. Essig und Wasser mit einer Gabel nach und nach untermengen, bis sich die Teigzutaten zu verbinden beginnen. Der Teig sollte leicht krümelig und feucht sein.

Teig auf eine bemehlte Arbeitsfläche geben und zu einer 2,5 cm dicken Scheibe zusammendrücken. In Frischhaltefolie hüllen und mindestens 30 Minuten oder über Nacht kühl stellen. Sie können den Teig auch bis zu drei Monate einfrieren und vor Verwendung im Kühlschrank in der Folie langsam auftauen.

Ergibt ausreichend Teig für eine Springform (23 cm) oder eine Kastenform (33 x 10 cm)

Mürbeteig ausrollen

Eine Arbeitsfläche leicht mit Mehl bestäuben. Die Teigscheibe von der Mitte aus in alle Richtungen ausrollen, bis ein etwa 3 mm dicker Kreis mit 30 cm Durchmesser entsteht. Rasch arbeiten, damit der Teig nicht zu warm wird. Wird er zu klebrig, Teig, Arbeitsfläche und eventuell auch das Rollholz erneut mit etwas Mehl bestäuben.

Teig in eine Form geben

Das Rollholz leicht mit Mehl bestäuben. Den ausgerollten Teigkreis sorgfältig um das Rollholz legen. Rollholz in der Mitte der Form positionieren und den Teig behutsam ablösen. Dabei ein Ende mit einer Hand festhalten und das andere auf den Formboden drücken. Den Teig in die Form drücken. Je nach Rezept einen Rand hochziehen oder lediglich den Formboden mit Teig bedecken. Mit einer Gabel mehrmals einstechen und nach Rezeptanweisung fortfahren.

Mürbeteig blind backen

Teigböden müssen in manchen Fällen ohne Füllung vorgebacken werden. Zum Beispiel, wenn die Füllung gar nicht oder nur kurz gebacken wird. Dies nennt man »blind backen«. Hierfür den Ofen auf 200 °C vorheizen. Teigboden in der Form mit Pergamentpapier belegen. Die Form mit trockenen Hülsenfrüchten, Keramikgewichten oder rohen Reiskörnern füllen. Den Teig etwa 15 Minuten backen. Hülsenfrüchte, Keramikgewichte oder Reis mitsamt dem Pergamentpapier herausnehmen. Die Hülsenfrüchte können mehrmals zu diesem Zweck verwendet werden.

Wenn der Teig fast durchgebacken sein soll, die Backzeit um fünf Minuten erhöhen. Danach auf ein Kuchengitter stellen und wie im Rezept beschrieben fortfahren.

Wenn der Teig vollständig durchgebacken sein soll, 25 Minuten backen. Danach auf ein Kuchengitter stellen und wie im Rezept beschrieben fortfahren.

Gesüßte Schlagsahne

200 g gut gekühlte Sahne

1 EL Zucker

½ TL Bourbon-Vanillezucker

Sahne mit Zucker und Vanillezucker steif schlagen, bis die Sahne Spitzen zieht.

Ergibt 375 ml Schlagsahne

Schneller Blätterteig

550 g Mehl Type 405

2 TL grobes Meersalz

500 g kalte Butter, in 2,5 cm große Würfel geschnitten

2 TL weißer destillierter Essig

250 ml Eiswasser

Mehl und Salz in der Rührschüssel einer Küchenmaschine vermischen. Butterwürfel darüber verteilen. Knethaken der Maschine bei mittlerer Geschwindigkeit laufen lassen, bis die Butter erbsengroße Streusel bildet. Essig und Eiswasser bei laufender Maschine nach und nach zufügen, bis sich die Teigzutaten leicht verbinden. Eventuell braucht man nicht die gesamte Flüssigkeit.

Den Teig auf eine leicht bemehlte Arbeitsfläche geben, zu einer Kugel formen und durchkneten, bis er glatt ist. Zu einem etwa 1 cm dicken Rechteck (28 x 43 cm) ausrollen. Die Arbeitsfläche mit einem sauberen Küchentuch vom Mehl befreien. Die kurzen Seiten des Rechtecks bis zur Mitte nach innen schlagen und nochmals längs zusammenklappen. In Frischhaltefolie hüllen und im Kühlschrank 15 Minuten ruhen lassen.

Teig erneut zu einem Rechteck (28 x 43 cm) ausrollen. Nochmals wie beschrieben zusammenschlagen. Wieder ausrollen und falten. Das eingeschlagene Teigstück mit dem Rollholz zusammendrücken, damit die Lagen haften. In drei gleich große Teile schneiden, jeweils gut in Frischhaltefolie hüllen und mindestens eine Stunde oder über Nacht kühl stellen. Sie können den Teig auch bis zu drei Monate einfrieren und vor Verwendung im Kühlschrank in der Folie langsam auftauen lassen.

Ergibt ausreichend Teig für drei Tartes (25 cm)

Crème fraîche

500 g Sahne

60 ml Buttermilch

Sahne in einem Topf auf 35 °C erhitzen. In ein sauberes Glasgefäß gießen und die Buttermilch unterrühren. Mit einem Seihtuch oder mit Frischhaltefolie, in die viele kleine Löcher gestochen werden, bedecken. Bei Raumtemperatur über Nacht eindicken lassen. Dann im Kühlschrank luftdicht verschlossen maximal zwei Wochen aufbewahren.

Ergibt 550 g

Vanilleglasur

125 g Puderzucker

½ TL grobes Meersalz

2 EL Butter, geschmolzen

2 EL Milch

1 TL Bourbon-Vanillezucker

Puderzucker in eine Schüssel sieben und mit dem Salz vermischen. Butter, Milch und Vanillezucker in einer zweiten Schüssel gut verrühren. Zum Puderzucker geben und alles zu einer glatten Glasur verarbeiten. Warme Zimtschnecken oder Kuchen damit bestreichen.

Ergibt 125 g

Rote-Zwiebel-Vinaigrette

2 rote Zwiebeln, in 1 cm dicke Scheiben geschnitten

3 EL Rotweinessig

½ TL grobes Meersalz

¼ TL Zucker

schwarzer Pfeffer aus der Mühle

60 ml kalt gepresstes Olivenöl

Zwiebelscheiben auf dem Holzkohlegrill oder unter dem Backofengrill goldbraun braten. Fein hacken und in einer Schüssel mit Rotweinessig, Salz, Zucker und etwas frischem Pfeffer vermischen. Zehn Minuten ziehen lassen, dann das Olivenöl untermengen. Mit Salz und Pfeffer abschmecken.

Ergibt 125 ml Vinaigrette

Zitrusvinaigrette

2 EL frisch gepresster Orangensaft

je 1 EL frisch gepresster Zitronen- und Limettensaft

1 TL gehackte Schalotten

¼ TL grobes Meersalz

schwarzer Pfeffer aus der Mühle

je 2 EL kalt gepresstes Olivenöl und Rapsöl

2 TL gemischte frisch gehackte Kräuter, zum Beispiel Petersilie, Estragon und Kerbel

Zitrussäfte, Schalotten, Salz und etwas frischen Pfeffer in einer kleinen Schüssel verrühren. Zehn Minuten durchziehen lassen, damit sich die Aromen verbinden. Oliven- sowie Rapsöl untermischen. Mit Salz und Pfeffer abschmecken. Die Kräuter kurz vor dem Servieren unterrühren.

Ergibt 125 ml Vinaigrette

Thailändische Limettenvinaigrette

60 ml frisch gepresster Limettensaft

3 EL asiatische Fischsauce

1 EL Reisessig

2 EL brauner Zucker

1–2 TL frisch gehackte Chilischote (optional)

1 Knoblauchzehe, gepresst

Alle Zutaten in einer kleinen Schüssel gründlich verrühren, bis sich der Zucker vollständig aufgelöst hat. Vor dem Servieren mindestens zehn Minuten durchziehen lassen.

Ergibt 175 ml Vinaigrette

Geröstete Semmelbrösel

3 EL kalt gepresstes Olivenöl

1 TL gehackter Knoblauch

100 g Semmelbrösel

1 EL frisch gehackte Petersilie

1 EL fein gehackte Schale einer unbehandelten Zitrone

grobes Meersalz und schwarzer Pfeffer aus der Mühle

Öl in einer Pfanne mittelstark erhitzen. Knoblauch darin etwa eine Minute anbraten. Semmelbrösel zugeben und unter Rühren etwa fünf Minuten goldbraun rösten. In eine Schüssel füllen und mit Petersilie und Zitronenschale vermengen. Mit Salz und Pfeffer würzen. Über Suppen oder Nudeln streuen.

Ergibt etwa 100 g Semmelbrösel

Mehltortillas

450 g Mehl Type 405

2 TL Backpulver

1 TL grobes Meersalz

5 EL Schweineschmalz plus etwas für die Pfanne

Mehl, Backpulver und Salz in einer großen Schüssel vermengen. Das Schmalz mit einer Gabel oder einer Palette unterarbeiten, bis feine Brösel entstehen. Nach und nach 250 Milliliter lauwarmes Wasser zufügen und mit einer Gabel untermischen, bis der Teig weich, aber nicht klebrig ist. Eventuell etwas mehr Wasser zufügen. Den Teig einige Minuten mit den Händen kneten, bis er glatt ist.

In 14 gleich große Stücke teilen und diese zu Kugeln formen. Auf ein Tablett legen, mit Frischhaltefolie abdecken und bei Raumtemperatur mindestens zehn Minuten oder bis zu zwei Stunden ruhen lassen.

Jedes Teigstück mit Mehl bestäuben und auf einer bemehlten Arbeitsfläche zu einem runden Fladen mit 15 cm Durchmesser ausrollen.

Eine Pfanne mit 25 cm Durchmesser mittelstark erhitzen. Dünn mit Schmalz ausstreichen (die Pfanne nur für die erste Tortilla einfetten). Eine Tortilla auf die Handfläche legen, die Hand umdrehen und die Tortilla mit dieser Bewegung in die Pfanne geben. 30 Sekunden garen, dann wenden und die andere Seite 15 Sekunden garen. In ein sauberes Küchentuch einschlagen. Die restlichen Tortillas ebenso backen. Sofort servieren.

Übrig gebliebene Tortillas in einen verschließbaren Plastikbeutel geben und im Kühlschrank nicht länger als fünf Tage aufbewahren. Vor dem Servieren in Alufolie wickeln und bei 120 °C im Ofen erwärmen.

Ergibt 14 Tortillas

Getrocknete Bohnen kochen

220 g getrocknete Hülsenfrüchte, zum Beispiel Kichererbsen, weiße oder schwarze Bohnen

4 große Knoblauchzehen, geschält

grobes Meersalz

Hülsenfrüchte sorgfältig verlesen. In einer Schüssel 10 cm hoch mit kaltem Wasser bedecken und über Nacht einweichen lassen.

Am nächsten Tag abgießen, gut waschen und in einen Topf geben. Knoblauch zufügen und die Hülsenfrüchte 10 cm hoch mit Wasser bedecken. Zum Kochen bringen. Eventuell aufsteigenden Schaum abschöpfen. Hitze reduzieren und zugedeckt 40 Minuten köcheln lassen. Zwei Teelöffel Salz und eventuell Wasser zugeben, die Hülsenfrüchte sollten von Wasser bedeckt sein. Je nach Sorte nochmals 30 bis 90 Minuten kochen lassen.

Vom Herd nehmen und im Kochwasser abkühlen lassen. Abgießen und dabei etwas Kochwasser für Saucen oder Ähnliches auffangen. Nach Rezeptanleitung weiterverarbeiten.

Ergibt etwa 550 g gekochte Bohnen

Küchentechniken

Nüsse rösten

Die meisten Nusssorten schmecken aromatischer, wenn man sie kurz vor der Verwendung röstet. Sie werden knuspriger und bauen durch die Hitze Bitterstoffe ab.

Ofen auf 160 °C vorheizen. Nüsse auf einem Blech verteilen und unter gelegentlichem Wenden rösten, bis sie duften. Die Röstzeit hängt von der Sorte ab, die Nüsse also gut im Auge behalten. Die meisten Nüsse sind in 10–20 Minuten geröstet; Kokosflocken brauchen 5–10 Minuten.

Nüsse von der Haut befreien

Haselnüsse, Erdnüsse oder Walnüsse zunächst rösten. Noch warm in ein sauberes Küchentuch geben und im Tuch fest gegeneinanderreiben. Widerspenstige Hautreste mit den Fingern abzupfen.

Um Mandeln oder Pistazien zu häuten, diese in eine hitzebeständige Schüssel füllen, mit kochend heißem Wasser übergießen und etwa eine Minute stehen lassen. Abgießen, kalt abschrecken und jede Mandel oder Pistazie zwischen den Fingern zusammendrücken, um die Haut zu entfernen.

Schokolade schmelzen

Schokolade hacken und in eine hitzebeständige Schüssel geben, die genau in einen Topf mit schwerem Boden passt. Den Topf 4 cm hoch mit Wasser anfüllen und dieses bis knapp unter den Siedepunkt bringen. Die Schüssel mit der Schokolade in den Topf setzen, dabei darauf achten, dass der Schüsselboden das Wasser nicht berührt. Schokolade schmelzen, dabei häufig mit einem Holzlöffel umrühren. Schüssel aus dem Topf nehmen und die Schokolade vor der Weiterverarbeitung kurz abkühlen lassen.

Zitrusschalen abreiben

Zitrusschalen lassen sich am besten mit einer feinen Reibe abreiben. Nur unbehandelte Früchte verwenden, heiß abwaschen und dann sorgfältig trockenreiben. Darauf achten, dass nur die Schale und nicht das weiße Mark abgerieben wird, dieses schmeckt nämlich bitter. Abgeriebene Schale mit einem Messer von der Innenseite der Reibe lösen.

Erdbeeren vom Stielansatz befreien

Mit einem Obstmesser in leichtem Winkel in das Fruchtfleisch neben dem Stielansatz stechen und diesen keilförmig herausschneiden.

Pfirsiche und Tomaten enthäuten

Reichlich Wasser in einem Topf zum Kochen bringen. Tomaten oder Pfirsiche am Blütenansatz mit einem scharfen Messer über Kreuz einschneiden. Einzeln auf einen Schaumlöffel legen und 30 Sekunden lang ins kochende Wasser halten. Wenn sich die Haut am Schnitt nicht von selbst löst, den Vorgang wiederholen. Kurz abkühlen lassen und dann die Haut vom Schnitt ausgehend abziehen.

Früchte entsteinen

Kernobst mit einem kleinen, scharfen Messer halbieren beziehungsweise bis zum Kern längs einschneiden. Die Hälften auseinanderziehen und den Kern mit den Fingern entfernen. Falls er festsitzt, mit dem Messer lösen. Sie können das Fruchtfleisch auch vom Kern schneiden. Dann den Stielansatz entfernen.

Äpfel und Birnen vom Kerngehäuse befreien

Äpfel oder Birnen mit einem Obstmesser schälen, halbieren und das Kerngehäuse keilförmig herausschneiden oder mit einem Melonenausstecher entfernen. Dann den Stielansatz wegschneiden. Geschälte Äpfel oder Birnen rasch verarbeiten, sie laufen braun an. Man kann sie auch mit Zitronensaft beträufeln, um das Anlaufen zu verhindern.

Lauch putzen

Dunkelgrüne Blätter entfernen und für eine Gemüsebrühe verwenden oder wegwerfen. Das Lauchende abschneiden. Die Lauchstange längs halbieren. Die Hälften so lange unter fließendes Wasser halten, bis sämtliche Sand- und Erdreste entfernt sind. Nach Rezeptanleitung in Ringe oder Stücke schneiden.

Gemüse blanchieren

Durch Blanchieren wird Gemüse vorgegart. Das anschließende Abschrecken in Eiswasser sorgt dafür, dass die Farbe des Gemüses erhalten bleibt. Reichlich Wasser zum Kochen bringen, pro Liter eineinhalb Esslöffel Salz zufügen. Eine Schüssel mit Eiswasser bereithalten. Das Gemüse je nach Sorte drei bis acht Minuten blanchieren. Mit einem Schaumlöffel herausnehmen, kurz in Eiswasser abschrecken und gut abtropfen lassen.

Hart gekochte Eier schälen

Gekochte Eier kurz kalt abschrecken. Gegen den Topfrand schlagen, damit die Schalen aufbrechen. Topf mit kaltem Wasser füllen und die Eier 30 Minuten darin liegen lassen. Abgießen und schälen. Das kalte Wasser dringt zwischen Schale und Ei und sorgt dafür, dass sich die Schale leicht lösen lässt.

MENÜVORSCHLÄGE

Klassisches Abendessen: Gartensalat mit Ziegenfrischkäse, Gegrillte Schweinekoteletts, Apfelsauce, Cremiges Kartoffelpüree, Aprikosen-Crumble

Mittagessen, das gut vorbereitet werden kann: Vegetarische Minestrone, Hühnerpilaw, Karamellpudding

Abendessen, das Kinder machen können: Pizza Margherita, Gartensalat mit Ziegenfrischkäse, Orangen-Vanille-Eis am Stiel

Sommer-Brunch: Heidelbeerpfannkuchen mit Ahornsirup, Gepökelter Speck, Bunte Frittata, Tropische Smoothies

Winter-Brunch: Bananen-Muffins, Herzhaftes Rührei, Blutorangenstücke, Heiße Schokolade mit Marshmallows

Teeparty: Zitronen-Mohn-Kuchen, Knusprige Kirschecken, Linzer Augen, Indischer Gewürztee

Geburtstagsessen: Hähnchenstäbchen aus dem Ofen, Fischstäbchen mit Sauce tartare, Köstliche Käsemakkaroni, Schokotörtchen mit Schokoladen- und Vanillebuttercreme

Mexikanisches Essen: Maispuffer, Fisch-Tacos mit Krautsalat, Maistortillas, Bohnenmus, Schoko-Sahne-Pudding

Orientalisches Essen: Lammfrikadellen mit Raita, Taboulé, Gebackene Pflaumen mit Crème fraîche

Italienisches Essen: Tomaten-Mozzarella-Salat mit Pesto, Lasagne mit dreierlei Käse, Das beste Vanilleeis

DORLING KINDERSLEY
London, New York, Melbourne, München und Delhi

Für die deutsche Ausgabe
Programmleitung Monika Schlitzer
Projektbetreuung Elke Homburg
Herstellungsleitung Dorothee Whittaker
Herstellung Mareike Hutsky

Bibliografische Information Der Deutschen Bibliothek
Die Deutsche Bibliothek verzeichnet diese Publikation in der Deutschen Nationalbibliografie; detaillierte bibliografische Daten sind im Internet über http://dnb.ddb.de abrufbar.

Titel der englischen Originalausgabe:
FAMILY MEALS

Verleger Hannah Rahill
Illustrationen Rosie Scott
Lektorat Kim Laidlaw
Leitung Gestaltung Gaye Allen
Art Direktion Emma Boys
Gestaltung Lauren Charles
Food Styling Lilian Kang

Der Originaltitel erschien 2008 bei Weldon Owen Inc., San Francisco, in Zusammenarbeit mit Williams-Sonoma, Inc. San Francisco

Produktion Print Company Verlagsges. m.b.H., Wien
Übersetzung für Print Company Isabelle Fuchs, München

ISBN 978-3-8310-1582-5

Printed in Singapore by Tien Wah Press

Besuchen Sie uns im Internet
www.dk.com

DANK

Von Maria Helm Sinskey: Dieses Buch verdankt seine Entstehung einer Gruppe von Leuten, die sich dem guten Essen verschrieben hat. Ich danke Tory Ritchie, die Hannah Rahill auf mich aufmerksam gemacht hat. Mein Dank gilt ebenso dem verrückten Fotografen-Team Emma Boys, Kim Laidlaw, Ray Kachatorian, Chris Andre, Lillian Kang, Molly McCulloch sowie Gaye Allen. Dieses Projekt lag allen Beteiligten sehr am Herzen – und die Arbeit hat großen Spaß gemacht. Auch meine Familie hat mit großem Einsatz und viel Verständnis mitgewirkt, wofür ich meinen Töchtern Ella und Lexi und meinem Mann Rob sehr dankbar bin. Kim möchte ich an dieser Stelle noch einmal erwähnen – ihre Geduld und ihr Humor waren eine große Hilfe für mich. Schließlich noch ein herzliches Dankeschön an Fred Hill, meinen Agenten und Freund, der immer an mich glaubt. Weldon Owen möchte sich bei einigen Mitwirkenden für die Realisierung dieses Buches bedanken: Ken DellaPenta, Leslie Evans, Anna Giladi, Carolyn Keating, Sharon Silva und Tuan Tran.

SUGAR
PYREX